幼儿园课程资源
开发与利用 丛书

丛书主编　钱月琴

我家住在运河边

主　编　吴　洪　徐国芬　朱雅雯
编　委　沈亚英　张　莉　李姣玥　韩佳文　顾　芸

苏州大学出版社

图书在版编目(CIP)数据

我家住在运河边 / 吴洪，徐国芬，朱雅雯主编. ——苏州：苏州大学出版社，2023.7（2023.9重印）
（幼儿园课程资源开发与利用丛书 / 钱月琴主编）
ISBN 978-7-5672-4448-1

Ⅰ. ①我… Ⅱ. ①吴… ②徐… ③朱… Ⅲ. ①大运河–介绍–中国–教学研究–学前教育 Ⅳ. ①G613.3

中国国家版本馆 CIP 数据核字（2023）第 114931 号

书　　名：	我家住在运河边 WO JIA ZHU ZAI YUNHE BIAN
主　　编：	吴　洪　徐国芬　朱雅雯
责任编辑：	谢金海
助理编辑：	周　雪
策　　划：	谢金海
出版发行：	苏州大学出版社（Soochow University Press）
社　　址：	苏州市十梓街 1 号　邮编：215006
印　　刷：	苏州市古得堡数码印刷有限公司
邮购热线：	0512-67480030
销售热线：	0512-67481020
开　　本：	889 mm×1 194 mm　1/20　印张：8　字数：159 千
版　　次：	2023 年 7 月第 1 版
印　　次：	2023 年 9 月第 2 次印刷
书　　号：	ISBN 978-7-5672-4448-1
定　　价：	58.00 元

若有印装错误，本社负责调换
苏州大学出版社营销部　电话：0512-67481020
苏州大学出版社网址　http://www.sudapress.com
苏州大学出版社邮箱　sdcbs@suda.edu.cn

"幼儿园课程资源开发与利用丛书"
编委会

顾　　问　张春霞

主　　任　季小峰

副 主 任　周　萍　顾忆红

编　　委（按姓氏笔画排序）

　　　　　　王亚红　王惠芬　吕淑萍　朱　静　孙文侃
　　　　　　吴小勤　沈　红　沈方勤　沈艳凤　张　琼
　　　　　　张利妹　陈小平　陈秋英　胡　娟　莫美华
　　　　　　钱明娟　徐　桢　徐国芬

序

　　吴江区高度重视学前教育的发展。长期以来，吴江区学前教育工作者注重抓内涵、提质量，在幼儿园课程建设方面做了很多扎实有效的工作。

　　江苏省实施课程游戏化项目以来，吴江区学前教育工作者努力进行课程游戏化的区域推进，为课程游戏化提供了示范，吴江区涌现出了许多高质量课程建设的典型。尤其是在资源深度挖掘和利用方面，很多幼儿园强化课程意识和资源意识，增强目标意识和效率意识，深入挖掘和利用本地课程资源，努力将资源优势转化为经验优势，形成了课程资源开发和利用的吴江经验。

　　吴江是一个具有深厚文化历史底蕴的地方，名人、遗迹、名胜不胜枚举，具有鲜明江南特色的古镇和村落，丰厚肥沃的土地，孕育了万千生命和厚重的文化。对于如何挖掘和利用吴江的自然与文化资源，吴江的老师们进行了积极的探索和创新。他们从幼儿身心发展规律出发，深入分析本地各类资源对儿童发展的价值，形成了一系列资源开发和利用的途径与策略，让幼儿在多样化的活动中感受文化、体验文化、表达文化、理解文化和创新文化。丰富的幼儿园课程内容，充实了儿童的生活，增进了儿童的体验和情感，增强了儿童的操作和表现能力。

　　这套丛书是吴江区各幼儿园从不同的资源出发，深入研究儿童的需要和兴趣，系统开展多种形式的活动，充分利用儿童的多种感官，有效促进儿童对文化的了解、理解和表达，不断丰富和充实儿童经验的实践成果。相信这套丛书一定能给幼儿园课程建设提供有益的经验和启示，一定能为学前教育质量的提升做出贡献。

南京师范大学教育科学学院教授、博士生导师

2023 年 5 月

前　言

莼鲈之香正十年

秋风斜阳鲈正肥，扁舟系岸不忍去。

吴江位于苏浙沪两省一市的地理交界处，是"鱼米之乡""丝绸之府"，有古镇、蚕桑、运河……历史悠久，资源丰富。

十余年来，吴江学前教育坚持以"贯彻落实《3—6岁儿童学习与发展指南》精神，开展幼儿园生活化游戏化课程建设"为抓手，区域性全面推进、全类覆盖、全员参与课程游戏化项目区实践。"区域推进不是要求区域统一，本质是让幼儿园各尽其能，充分调动每一位教师的专业才智，充分利用一切空间和资源，最大限度地发挥对儿童发展的支持和促进作用，从而提升教育质量。"（虞永平）十余年间，吴江幼教人通过改造环境、优化课程、专家引领、提升师资、追随儿童、科学评价等策略，营造了良好的学前教育生态，从"幼有所育"走向"幼有优育"。

吴江区各幼儿园从资源入手积极探索"资源—活动—经验"的实践路径，通过梳理、分析本园资源，建构课程资源地图，制作课程资源清单，开展多样化教育活动，尝试建设适合本园的课程，积累了大量的一手资料，于是就有了这套"幼儿园课程资源开发与利用丛书"。

本套丛书不仅是吴江区各幼儿园在课程建设中开发利用本园周围的资源，开拓儿童课程源泉，促进儿童全面发展的生动实例，还是凝聚着全区"学前教育发展共同体"踔厉奋发、笃行不怠的成长足迹和探究精神的宝贵财富。在这套丛书里，你可能会看到因为年轻而存在的稚气，但更会看到因为年轻而勃发的对教育的追求和活力。

本套丛书有以下三个特点：一是实践性，每类资源的开发和活动的组织都是幼儿园实践过的；二是操作性，幼儿园提供了某资源开发和利用的理念、路径、方法和具体的活动，可以为同行提供范例和借鉴；三是普适性，这套丛书涉及的资源都是日常生活中普遍存在的、与幼儿生活密切相关的。本套丛书共有十三个分册，每个分册都是从资源介绍、开发理念、资源清单、基本路径、活动列举、课程计划、方案设计、活动叙事八个方面来编写的。虽然这些都是一线教师的实践积累，但在理念上可能尚有偏颇，在实践中可能存在需要改进的地方，不足之处敬请专家和同行提出宝贵意见，以便让这套书不断完善。

十年磨一剑，蓄势再扬帆。在未来十年，乃至更长一段时间，吴江区学前教育会继续与时俱进，勇立潮头，办出更多老百姓家门口的高质量幼儿园。

丛书编委会

2023 年 5 月

目　录

- 资源介绍 /1
- 开发理念 /2
- 地图清单 /4
- 基本路径 /8
- 活动列举 /10

- 课程计划
  - 学期课程计划 /11
  - 主题活动计划 /19

- 方案设计
  - **主题活动方案** /21
    - **运河里有什么？（小班）** /21
      - 一、集体活动　运河里有什么？ /21
      - 二、收集活动　运河水族馆 /26
      - 三、区域活动　我认识的…… /27
      - 四、区域活动　我来照顾你 /29
      - 五、区域活动　虾兵蟹将 /30
      - 六、集体活动　它们的家在哪里？ /31
      - 七、集体活动　鱼塘的秘密 /34
      - 八、区域活动　小鱼游啊游 /36
      - 九、集体活动　小鱼生病了吗？ /37

十、区域活动　拯救水族馆　/39

十一、生活环节渗透　船来了　/41

十二、区域活动　船，开起来　/42

十三、参观活动　八坼大桥　/43

十四、参观活动　"乌龟腿"　/45

十五、区域活动　造桥　/47

十六、区域活动　"桥"这一家子　/49

船舶会（中班） /51

一、集体活动　小船的旅行　/51

二、调查活动　数船　/53

三、集体活动　不一样的船　/55

四、集体活动　"船"来"船"去　/58

五、集体活动　小船试航　/60

六、集体活动　划小船　/63

七、区域活动　划船比赛　/65

八、区域活动　我设计的船　/66

九、参观活动　运河上的加油站　/68

十、参观活动　逛码头　/69

十一、集体活动　曹冲称象　/71

十二、区域活动　船的沉浮　/73

运河上的桥（大班） /75

一、调查活动　运河上的桥　/75

二、集体活动　拱宸桥　/77

三、参观活动　云游中国京杭大运河博物馆　/80

四、集体活动　无锡运河古桥　/81

五、区域活动　造桥　/83

六、集体活动　宝带桥　/85

七、参观活动　新源桥　/87

八、集体活动　扬州的运河桥　/89

九、参观活动　云游扬州中国大运河博物馆　/91

十、集体活动　山东的运河桥　/93

十一、集体活动　北京的运河大桥　/96

十二、区域活动　桥梁设计师　/99

十三、生活环节渗透　听！运河故事　/100

系列活动方案 /101

古纤道（中班） /101

一、参观活动　走古纤道　/101

二、集体活动　纤夫　/103

三、区域活动　拉纤号　/104

四、劳动活动　小小纤夫　/106

开船啦（大班） / 108

 一、劳动活动　清淤 / 108

 二、区域活动　材料大比拼 / 109

 三、集体活动　造船啦 / 112

 四、集体活动　开船啦 / 114

单个活动方案 / 115

 一、区域活动　波光粼粼的运河（中班） / 115

 二、集体活动　来自运河的一封信（大班） / 117

 三、集体活动　说唱运河（大班） / 120

活动叙事

"我"和大运河的故事 / 123

我们的"运河小镇" / 133

后　记 / 146

资源介绍

苏州市吴江区八坼幼儿园坐落于京杭大运河吴江段，是一座临水而筑的乡镇幼儿园，也是一座在大运河滋养下蓬勃发展的幼儿园。

京杭大运河流淌千年，是中华历史进程中一颗熠熠生辉的文化瑰宝，2014年6月更是被列入《世界遗产名录》，彰显出其贯通南北、承载古今的独特价值。大运河苏州段从吴中区蜿蜒流入吴江区，穿过三里桥，经过运河古纤道等节点径直而来，其支流自西向东将一座小镇一分为二，八坼之名便由此而来。运河水悠悠流过之处，一条条老街沿河并行，一座座民居依河而建，八坼小镇便在大运河的孕育下诞生，成长并发展至今。而八坼幼儿园与大运河东岸相依400多米，由此坐拥了毗邻大运河的天然地理优势。

优越的地理位置为八坼幼儿园带来得天独厚的资源优势，京杭大运河于发展中的八坼幼儿园而言，犹如一座丰厚的资源宝库。运河资源属性多元，既包括沿岸独特的风貌（如跨河桥梁、运河公园、沿河老街、渡口码头等）、风物（鱼虾蟹等运河产物、来往船只等）和风味（如麦芽塌饼、撑腰糕等江南特色糕点）等显性的物质资源，又包括沿河城乡千年积淀形成的风俗（如龙抬头、赶早集等生活习俗，滚铁环、打水漂等弄堂游戏）、风情（如苏州评弹等曲艺、《外婆桥》等运河童谣、早茶等茶艺）等显性的社会文化资源，

还包括勤劳坚韧、自强不息、爱家爱国等隐性的精神文化资源。

毗邻运河的地利让内蕴丰富的运河资源变得触手可及，对于生在运河边、长在运河边的八坼幼儿园的孩童来说，蜿蜒的大运河更是如其专属的资源宝库一般熟悉又亲近。从冬到夏，从春到秋，八坼幼儿园的孩童每天与大运河为伴，大运河也因此与八坼幼儿园的孩童的生活紧密相连，成为孩子成长过程中的陪伴者，更成为幼儿园课程的滋养者。

开发理念

近年来，在幼儿园课程改革与园本课程建设的双重推进下，吴江全区幼儿园都树立起了较强的课程资源意识，开始立足本土资源，展开各具特色的课程资源建构与园本课程建设实践。八坼幼儿园也依托得天独厚的园内外资源，积极探索课程资源开发与建构之径，由此形成了一系列资源开发的理念与思路。

在资源开发的旨归上，对运河资源的开发应*源于生活，回归幼儿*。陶行知先生的生活教育理论指出："没有生活做中心的教育是死教育……课程内容来源于幼稚园周围的人、事、物，凡是幼儿感兴趣的均为活生生的生活教育的材料。"因此在开发运河资源时，必须充分挖掘、重点筛选出那些与幼儿生活紧密联结的部分，只有这些资源才能让幼儿产生熟悉感、亲近感与探究欲，从而有效调动幼儿与资源深度互动的积极性。说到底，运河资源开发出来是要供给幼儿"用"的。这里的"用"并不是简单地将物化的资源作为玩具或材料给幼儿摆弄，而是指通过幼儿与资源之间深入的相互作用，帮助幼儿获得来源于生活实际的有益经验，让资源源于生活，最后用于幼儿生活，这样资源开发的价值才能得到体现。

在资源开发的原则上，开发与利用运河资源时必须遵循幼儿的学习特点。幼儿是通过直接感知、亲身体验来获取经验的，教师应将幼儿的这一学习特点贯彻到运河资源开发的整个进程中去。如联合家长、教师、社区等，开展多方协作，与幼儿一同走出幼儿园，到运河边去走访、观察，在拓宽运河资源外延的同时，让幼儿得以亲历与体验。当然，"走出去"的目的是将运河资源"请进来"，因此教师还可通过照片、视频、实物收集等多种形式，引导幼儿将所见所闻加以整理，在进一步梳理提升幼儿经验的同时，将运河资源物化、具象为幼儿可亲、可感、可触、可探、可赏的活动载体，再根据不同年龄段幼儿的能力水平创设丰富多彩的活动内容，以此吸引孩子主动、自觉地去看、去听、去触摸、去感知、去探索，通过一系列的亲身感知与体验获得连续且有层次的有益经验。

在资源开发的价值上，必须关注运河资源自带的文化价值。在运河资源的开发进程中，不仅要关注那些看得见、摸得着的显性物质资源，同时也要关注那些隐性的社会及精神文化资源。物化的资源有利于幼儿的感知与操作，而自带人文属性的运河资源由于其独特的情境性，更是容易引发幼儿的深度体验。因此，教师应调动运河资源中的文化元素，用以创设文化情境性十足的教育环境，营造浓厚的运河文化氛围，让幼儿在感受、体验运河文化独特魅力的过程中得到德、智、体、美、劳诸方面的全面发展，同时培养起知家乡、爱家乡的情感，在心中种下家乡以及民族文化之根，由此引领幼儿走向远方。

地图清单

八坼幼儿园周边特色资源众多，运河、公园、老街、养殖地等无一不是蕴藏丰富的资源宝库。而在众多资源中，唯独运河资源兼具自然属性与文化属性，拥有无可比拟的育人优势，能助力幼儿内外兼修。因此，运河资源势必从周边的丰富资源中脱颖而出，成为园所重点、深入开发的资源。其他的资源则根据需要进行选择性开发，如老街资源中包含的古桥、水乡特色建筑等能为运河资源开发添砖加瓦的部分，也是值得深入开发的资源。幼儿园根据园所自身特点、地理位置，对园内外资源进行调查、梳理、筛选，制作出了方圆3千米以内的运河资源地图，直观形象地标记出幼儿可利用的物质资源、文化资源和精神资源，并且该地图是追随幼儿的兴趣需要而不断丰富的。

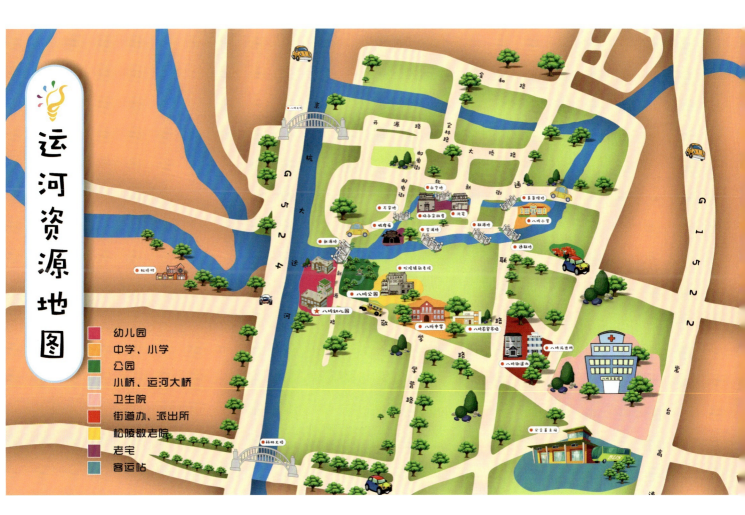

运河资源含蕴丰富，类别众多。但资源与课程资源并不是一个概念，不能简单地将运河资源等同于课程资源。因此对于运河资源的开发，我们并不提倡"毫无节制、一网打尽"的做法，而要甄选出那些对幼儿具有教育价值的"闪光点"进行深入的发掘。

资源清单

资源类别	资源列举	实施路径			利用资源的主要途径和手段
		亲子游	师生游	云上游	
流经地	北京、淮安、扬州、苏州、无锡、杭州等			√	借助地图 绘制地图
运河民俗	江南特色糕点、民俗活动、民风建筑等	√	√	√	实地参观 查询资料
基本事件	清淤、扩建拆建等		√	√	查询资料 实地参观
设施设备	桥（现代桥、古代桥）、加油站、水闸、驿站、码头、纤道、船等	√	√	√	实地参观 查询资料
运河文化	人物故事、运河歌谣、运河博物馆等		√	√	观看视频 查询资料 实地参观

"实地考察,盘点运河资源""科学归档,绘制资源地图""思维碰撞,形成资源清单"……这一轮的探寻活动是资源之旅的开始。在接下来的活动中,教师会继续引领幼儿,追随幼儿的兴趣点,围绕运河资源生成更多有教育意义的具体活动,并在其中不断观察、发现和解读幼儿的学习行为,正确处理好预设和生成的关系,打破传统的课程资源观,提供给儿童真正需要的课程。

在绘制"资源地图"时,教师们还进行了一场关于寻找"八坼"名字由来的活动。八坼原名"八尺",沿着老街,教师们踏访了流经八坼的运河支流,发现从高处看,浓浓烟火气的八坼老街区域形似乌龟,乌龟头是城隍庙,龟腿是坐落在八坼小镇的四座古桥,很是有趣!

🌙 基本路径

　　教师们将开发出来的运河资源分为网络资源与实物资源，利用时结合资源特性，开辟出云上游与实地游两条资源利用的路径。云上游是指利用图片、视频、在线运河博物馆等网络资源，帮助幼儿足不出户沉浸式体验运河之旅。实地游则是依托于园所附近的实物资源，如运河古纤道、运河公园等游览胜地，带领幼儿亲身实地感受运河的魅力。此外，根据出行人员与出行目标的不同，又分为师生游与亲子游。

　　两条路径中各板块并非单项连续或孤立的，而是互相交叉且都渗透有幼儿表征。其中，云上游与师生游都有回顾延伸环节，幼儿在游览后收获的经验可经由分享交流活动得到梳理，并在区域活动中通过建构、绘画、唱演、阅读等方式得到内化。需注意的是，亲子游中"去哪游"环节的"注意事项"是经由教师指导后，亲子共同商定的，是蕴含教育性的出游活动，而非简单的娱乐性出游。

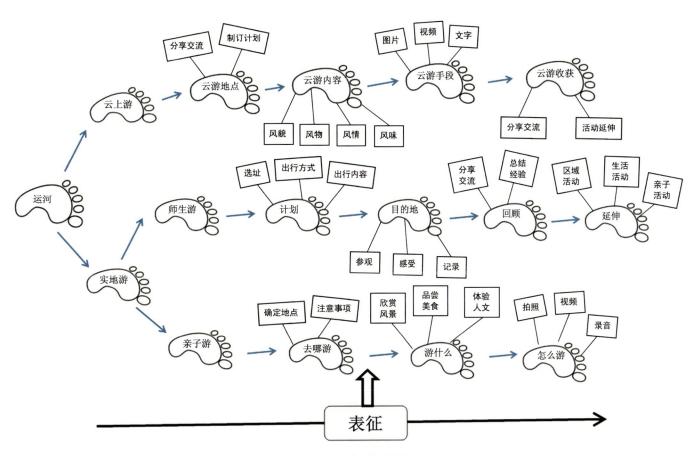

资源利用基本路径

活动列举

八圩幼儿园采取重点资源重点开发利用的原则，以一些显性的物质资源为主，如将跨河桥梁、来往船只、河中生物、特色沿河景观等资源运用到活动设计中；以显性的文化资源为辅，如用运河故事、民间游戏等辅助主题活动的完善。各年龄段活动设计时对资源的利用依幼儿年龄特点各有侧重，资源利用形式依幼儿兴趣与能力水平、实施条件等灵活选择，可采取实地游与云上游两者互补的形式，通过教学活动、区域活动、实践活动等实施途径开展。

活动列表

活动类别与名称		领域	关键经验	年龄班	实施途径				
					教学	区域	生活环节	运动	实践
主题	运河里有什么？（16）	语言、科学、社会	1. 知道运河里面有什么，对身边的运河产生好奇心与亲近感。 2. 初步了解鱼、虾、蟹、螺、蚌的生活环境与特征习性。 3. 知道鱼塘里有各种各样的鱼，认识常见的食用鱼。 4. 愿意观察身边事物的变化并推测原因，在同伴面前大胆讲述自己的发现。 5. 了解常见船的名称、特征及功能，对船产生探究兴趣。	小班	集体教学、小组教学	美工区、科学区、语言区、表演区、建构区	入园活动、晨谈活动、散步活动	自然角、饲养区活动	参观活动、收集活动

续表

活动类别与名称		领域	关键经验	年龄班	实施途径				
					教学	区域	生活环节	运动	实践
主题	船舶会（12）	科学、社会、艺术	1. 能用语言描述自己观察到的运河上的船，了解船的不同知识。 2. 通过社会实践活动，知道码头及运河加油站的功能及作用，并感受社会实践活动带来的乐趣。 3. 能根据观察结果提出问题，大胆猜测船能够浮起来的条件，并在实验操作中用图画或其他符号进行记录。 4. 能与同伴在散步时仔细观察运河上来往船只的形态特征，并在户外建构中进行表现。	中班	集体教学、小组教学	科学区、建构区	散步活动	划船、游戏	逛码头
	运河上的桥（13）	社会、科学、艺术	1. 知道运河流经的城市以及特色城市段上桥的特点。 2. 能用不同的材料建构桥的模型，建构中能与同伴合作与交流。 3. 能用多种工具、材料或不同的表现手法表达自己对桥的认识。 4. 能发现桥的结构与功能之间的关系。	大班	集体教学、小组教学	美工区、沙水区	餐后活动	—	调查活动、参观活动

续表

活动类别与名称		领域	关键经验	年龄班	实施途径				
					教学	区域	生活环节	运动	实践
系列	古纤道（4）	社会、健康	1. 认识吴江的纤道，初步了解纤道的用途和价值。 2. 了解纤夫的职业特性。 3. 了解拉纤的基本动作及拉纤号子，感受劳动人民热爱劳动、热爱生活的情感。 4. 喜欢与同伴一起参与拉纤活动，感受体验合作游戏的快乐。	中班	集体教学	音乐区	—	户外活动	实地观察
	开船啦（4）	艺术、科学	1. 观察水池，探究水池的秘密，并能大胆分享自己的发现。 2. 知道各种各样的船，能收集不同的造船材料。 3. 能用不同方式造船。 4. 能跟随音乐进行律动，进行开船表演。	大班	集体教学、小组教学	美工区、科学区	散步活动	户外活动	实地观察
单个	点彩画——波光粼粼的运河	艺术	1. 在欣赏阳光下的运河时，关注其波光的色彩、形态等特征。 2. 欣赏点彩画作品时能产生对河面光影的联想，感受点彩画不一样的效果。 3. 能运用点彩画的方式大胆表现自己观察到的运河波光粼粼的景色和想象到的风光。	中班	集体教学	美工区	—	—	—

续表

活动类别与名称		领域	关键经验	年龄班	实施途径				
					教学	区域	生活环节	运动	实践
单个	来自运河的一封信	数学	1. 进一步认识家乡的运河所具有的代表性的景观和文化，了解家乡特产。 2. 能够通过操作、摆弄、比较等方式理解两组物体的数量多少，进行"9"以内的按数取物。 3. 通过寄信活动，体验亲自操作的乐趣，对生活中各种数字的含义有进一步探究的兴趣。	大班	集体教学	数学区	—	—	—
	说唱运河	艺术	1. 能根据歌曲节奏和提示自编自演"运河里，有什么……"并制作合适的道具。 2. 在歌曲中能根据音乐的速度和节奏与同伴相互配合或独立表现。 3. 感受到家乡运河的重要性，萌发爱家乡的情感。	大班	集体教学	音乐区	—	—	—

注：括号内的数字表示活动个数。

课程计划

八圩幼儿园的课程计划由蓝本课程与自主开发的园本课程组成。前者结合各年龄段幼儿的发展需求精心选择,后者则结合园所丰富的周边资源,随幼儿的兴趣与生活实际重点开发生成。蓝本课程固然丰富全面、系统完善,但与八圩幼儿园孩童的生活与实际需求无法完全契合,也无法体现出课程开发的因地制宜性。因此,由开发园所周边资源而来、在幼儿现有能力水平与实际需要的基础上生成的园本课程,更是课程计划的重中之重。而八圩幼儿园周边丰富的资源中,运河资源无疑是课程价值最高、最能体现园本课程特色的一种资源,因此在课程开发过程中,老师们将运河资源化整为零,渗透到课程计划的方方面面中去,如在主题"幼儿园附近"中突出运河与园所的地理位置与关系,激发幼儿身为"运河娃"的自豪感。又如在主题"我们居住的地方"中,突出家乡八圩小镇与大运河之间的关系,帮助幼儿对家乡的大运河产生亲近感与归属感。通过细致入微的渗透和突显,充分利用运河资源,让幼儿得到由内到外的发展。

学期课程计划

学期课程计划一览表1

年度 2020—2021　　　学期 第一学期　　　年龄班 大班　　　填表人 顾芸

序号	主题名称	主题目标 (价值分析)	主题持续时间	主要资源			主题来源	备注
				自然	社会	文化		
1	幼儿园附近	1.知道家乡的物产,为家乡的变化感到高兴。 2.知道运河是家乡的代表性景观,为自己生长在运河边感到自豪。 3.知道公园中植物的变化,感受大自然的美。 4.能用不同的手法表现公园的景物并大胆与同伴分享交流。	4周	植物、树林	公园、家庭、运河*、幼儿园	地图、民族、诗歌	自主开发的园本课程	建构长廊、美术长廊、图书阅览室

续表

序号	主题名称	主题目标（价值分析）	主题持续时间	主要资源			主题来源	备注
				自然	社会	文化		
2	运河上的桥*	1. 了解不同城市运河桥的特点。 2. 能用多种形式观察了解并设计展现运河上的桥。 3. 巩固对各种各样桥的认识并萌发创造性思维。	3周	水、沙子	家长、运河桥	历史故事、民俗文化、地图	自主开发的园本课程	建构长廊、美术长廊、木工长廊、图书阅览室
3	地球小卫士	1. 知道地球是个球体，萌发探究欲望。 2. 知道地球是人类的家园，在交流与探索中感受自然环境与人类的关系。 3. 知道垃圾分类的必要性和主要方法，懂得爱护地球环境。 4. 了解废旧垃圾的再利用性，对垃圾再利用产生兴趣，萌发变废为宝的环保意识和爱护地球的责任意识。	3周	植物、水、动物	自行车、小区、废旧垃圾	古诗、儿歌、故事、地球仪	购买的蓝本课程	美术长廊、图书阅览室

续表

序号	主题名称	主题目标（价值分析）	主题持续时间	主要资源			主题来源	备注
				自然	社会	文化		
4	符号会说话	1. 认识生活中常见的图形符号、数字符号、文字符号等，知道它们的名称和特点，联系实际生活体验符号标记的作用。 2. 用简单的线条为幼儿园设计标志，讲述所设计标志的作用和意义，有主人翁意识。 3. 了解地图的作用，联系实际初步看懂地图，正确描述地图所表示的方向与位置，丰富生活经验。	4周	树林	符号、社区、马路、幼儿园	儿歌、乐曲、象形字	购买的蓝本课程	建构长廊、美术长廊、图书阅览室
5	红红的新年	1. 感知十二生肖是中国所特有的，并为自己是中国人而感到骄傲。 2. 了解古代年画及新春"福"字的文化内涵，并尝试用多种方式制作年画和"福"字。 3. 学会用折剪的方法剪出图案对称的窗花。 4. 了解过新年的风俗，并尝试制订自己的新年计划。	3周	水果	家庭、家人	新年习俗、儿歌、年画、乐曲、舞蹈、十二生肖、剪窗花	购买的蓝本课程	美术长廊、生活坊、图书阅览室

注：带*者是利用本书所谈资源开发的活动。

学期课程计划一览表 2

年度 2020—2021　　　　学期 第二学期　　　　年龄班 小班　　　　填表人 顾芸

序号	主题名称	主题目标（价值分析）	主题持续时间	主要资源			主题来源	备注
				自然	社会	文化		
1	我和我的家人	1. 初步了解自己和家人的关系，感受亲人对自己的关心和爱护，体验家的温暖。 2. 知道关心亲人，热爱自己的家庭，并表达对家的热爱。 3. 能较清楚地说出父母和自己的姓名及家庭住址。 4. 愿意与亲人、教师、同伴交流自己对家的感受和体验，态度友好大方，讲话有礼貌。	5周	树木	家庭、幼儿园	新年习俗、元宵习俗、儿歌、音乐、视频	购买的蓝本课程	建构长廊、美术长廊、生活坊
2	公园里有什么？	1. 能关注自己身边的春景，萌生热爱大自然的情感。 2. 能运用各种感官和途径认识、了解春天的特征。 3. 主动参与丰富的艺术活动，提高对春天各种事物的艺术想象力和表现力。 4. 有初步的保护环境的意识，爱护花草树木及小动物。	5周	树木、花草、动物、种子、泥土、种植地	公园、幼儿园	视频、音乐、儿歌	自主开发的园本课程	建构长廊、美术长廊、图书阅览室

续表

序号	主题名称	主题目标（价值分析）	主题持续时间	主要资源			主题来源	备注
				自然	社会	文化		
3	马路上的线	1. 了解斑马线的作用及重要性，知道遵守交通规则。 2. 能够认识并了解一些常见的交通信号、交通标志和交通标线的作用。 3. 知道出行要按交通标志行走，有初步的交通安全意识。 4. 感受线的丰富变化，尝试用各种形态的线进行艺术表现。	5周	沙子	马路、红绿灯、自行车、交通标志	课件、图片、音乐、儿歌	购买的蓝本课程	建构长廊、美术长廊、木工长廊、图书阅览室
4	运河里有什么?*	1. 知道运河里面有什么，对身边的运河产生好奇心与亲近感。 2. 初步了解鱼、虾、蟹、螺、蚌的生活环境与特征习性。 3. 知道鱼塘里有各种各样的鱼，认识常见的食用鱼。 4. 愿意观察身边事物的变化并推测原因，在同伴面前大胆讲述自己的发现。 5. 了解常见船的名称、特征及功能，对船产生探究兴趣。	2周	鱼、虾、蟹、螺、蚌等水生物	鱼塘、养殖业	运河故事、运河相关童谣、八坼大桥和四座古桥的历史	自主开发的园本课程	建构长廊、美术长廊、木工长廊、图书阅览室

注：带 * 者是利用本书所谈资源开发的活动。

主题活动计划

主题活动一览表1

年度 2020—2021　　学期 第二学期　　执行日期 6月7日—6月25日　　年龄 小班　　填表人 朱雅雯

主题名称	持续时间	活动名称	来源	主要资源
运河里有什么？*	3周	运河里有什么？	自主开发的园本课程	运河水生物、船、桥的图片
		运河水族馆	自主开发的园本课程	摆放水生物的架子等设施
		我认识的……	自主开发的园本课程	鱼、虾、蟹、螺、蚌等水生物的图片
		我来照顾你	自主开发的园本课程	鱼缸、鹅卵石等
		虾兵蟹将	自主开发的园本课程	水生物头饰、水底场景
		它们的家在哪里？	自主开发的园本课程	水生物生活环境的图片，鱼、虾、蟹、螺、蚌生活环境背景图
		鱼塘的秘密	自主开发的园本课程	鱼塘养殖介绍视频
		小鱼游啊游	自主开发的园本课程	橡皮泥、超轻黏土、瓶盖、纸片小鱼模具、一盆水
		小鱼生病了吗？	自主开发的园本课程	小鱼翻肚子照片、养殖区中的小鱼、蜡笔、白纸、投影仪
		拯救水族馆	自主开发的园本课程	小网兜、鱼缸
		船来了	自主开发的园本课程	相机
		船，开起来	自主开发的园本课程	大水盆，水，大大小小的玩具船、玩具车，塑料杯，没有盖的盒子，石头，笔等；硬纸盒、泡沫板、三角形彩色纸、牙签等；沉浮记录表
		八坼大桥	自主开发的园本课程	新旧八坼大桥照片、相机
		"乌龟腿"	自主开发的园本课程	八坼老街俯拍图、四座古桥图片
		造桥	自主开发的园本课程	不同颜色的泡沫积木和木制积木
		"桥"这一家子	自主开发的园本课程	各种桥的图片、关于桥的绘本、《小白兔过桥》儿歌图文

注：带 * 者是利用本书所谈资源开发的活动。

主题活动一览表 2

年度 2020—2021　　学期 第二学期　　执行日期 4月22日—5月5日　　年龄 中班　　填表人 张莉、李姣玥

主题名称	持续时间	活动名称	来源	主要资源	备注
船舶会*	3周	小船的旅行	自主开发的园本课程	绘本《小船的旅行》	
		数船	自主开发的园本课程	运河里的船、调查表、笔等	
		不一样的船	自主开发的园本课程	运河里各种船的照片	
		"船"来"船"去	自主开发的园本课程	笔、剪刀、不同材质的纸、花布、乳白胶	
		小船试航	自主开发的园本课程	水池、竹筏（木棒船）、积木船、纸船、盒子船、泡沫船、易拉罐船、电子船（塑料）	
		划小船	自主开发的园本课程	水袖、铃鼓、圆舞板若干，一面小旗子和大鼓，故事挂图	
		划船比赛	自主开发的园本课程	节奏轻快的音乐、收录机、红旗一面	
		我设计的船	自主开发的园本课程	积木、奶粉罐、纸卷芯、塑料瓶	
		运河上的加油站	自主开发的园本课程	运河上的加油站视频、照片	
		逛码头	自主开发的园本课程	八圩老码头	
		曹冲称象	自主开发的园本课程	《曹冲称象》绘本、白纸、彩笔、曹冲称象的模型教具	
		船的沉浮	自主开发的园本课程	纸船、塑料船2只、木头船、沙子、积木、石头、乒乓球、玻璃碗、橡皮泥	

注：带 * 者是利用本书所谈资源开发的活动。

主题活动一览表3

年度 2020—2021　　学期 第二学期　　执行日期 5月10日—5月28日　　年龄 中班　　填表人 沈亚英

主题名称	持续时间	活动名称	来源	主要资源	备注
我们居住的地方	3周	我居住的社区*	购买的蓝本课程	八坼社区的公共设施、社区地图（运河穿流而过）、调查表	
		漂亮的房子	购买的蓝本课程	各种房屋图片、房屋制作图示、各类手工纸和手工辅助材料	
		数高楼	购买的蓝本课程	高楼图片、图谱	
		爱心小屋	购买的蓝本课程	布置温馨的小屋场景、背景音乐、与故事内容相匹配的道具	
		造新房	购买的蓝本课程	《数高楼》音乐、积木若干、篮筐4个	
		认识地图*	购买的蓝本课程	中国地图、京杭运河地图、吴江区地图、自制八坼空白地图、八坼社区主要设施照片（幼儿园、公园、超市、菜场、医院等）、笔、胶水	
		我们的家乡*	购买的蓝本课程	《我所知道的家乡》调查表、八坼的古建筑和特产图片、八坼宣传片	
		家乡的特产	购买的蓝本课程	八坼特产的包装盒、实物或图片资料，皮蛋制作视频	

续表

主题名称	持续时间	活动名称	来源	主要资源	备注
我们居住的地方	3周	家乡的桥*	自主开发的园本课程	桥的演变课件,包含有代表性的桥在城市中的分布位置	
		家乡的故事*	购买的蓝本课程	《家乡故事》调查表、八圩土特产图片、八圩地段运河故事、八圩名字的由来	
		夸家乡*	购买的蓝本课程	圆舞板、《夸家乡》音乐、八圩图片、八圩段运河沿岸的顺口溜	
		神奇的桥*	购买的蓝本课程	运河上的各种桥梁图片、《神奇的桥》调查表、运河上桥的发展史视频、八圩古桥	
		美丽的桥*	自主开发的园本课程	各种桥的范例图片、各种绘画辅助材料	
		老街上的桥*	自主开发的园本课程	调查表、夹板等	
		各种各样的桥*	自主开发的园本课程	单层纸制的平面桥面、双层纸制的平面桥面、单层纸弯成的单孔拱形桥面、单层纸折成的梯形桥面	

注:带*者是利用本书所谈资源开发的活动。

主题活动一览表 4

年度 <u>2020—2021</u>　　学期 <u>第一学期</u>　　执行日期 <u>9月28日—10月30日</u>　　年龄 <u>大班</u>　　填表人 <u>顾芸、沈亚英</u>

主题名称	持续时间	活动名称	来源	主要资源	备注
运河上的桥*	3周	运河上的桥	自主开发的园本课程	京杭大运河的地图	
		拱宸桥	自主开发的园本课程	杭州运河上的石拱桥图片	
		云游中国京杭大运河博物馆	自主开发的园本课程	中国京杭大运河博物馆的相关视频和图片资料	
		无锡运河古桥	自主开发的园本课程	各种无锡运河古桥的图片	
		造桥	自主开发的园本课程	沙水池	
		宝带桥	自主开发的园本课程	宝带桥的图片	
		新源桥	自主开发的园本课程	八坼运河桥	
		扬州的运河桥	自主开发的园本课程	绘本故事《摇摇晃晃的桥》	
		云游扬州中国大运河博物馆	自主开发的园本课程	扬州中国大运河博物馆云游攻略	
		山东的运河大桥	自主开发的园本课程	山东济宁运河大桥的图片	
		北京的运河大桥	自主开发的园本课程	北京运河大桥图片	
		桥梁设计师	自主开发的园本课程	桥的照片，各类制作工具	
		听，运河故事	自主开发的园本课程	运河大事件	

注：带 * 者是利用本书所谈资源开发的活动。

方案设计

主题活动方案

★ 运河里有什么？（小班）

一、集体活动　运河里有什么？

活动目标

1. 了解并知道运河里面有什么。
2. 愿意结合已有经验大胆表达自己所知有关运河的内容。
3. 对身边的运河产生好奇心与亲近感。

活动准备

经验准备：幼儿对于身边的运河有一定的观察经验，幼儿与家长讨论过"运河里有什么"的问题。

材料投放：运河里的水生物、桥、船的图片、视频及课件。

活动过程

（一）请幼儿分享自己与家长的讨论结果，说一说运河里有什么。

1. 师：你在运河边行走的时候见过运河里有什么？它们是什么样子的？

指导要点：鼓励幼儿大胆讲述自己与家长的讨论结果，并用自己的方式表达出来。

2. 师：你还知道运河里有什么吗？请幼儿根据与家长的讨论进行分享与补充。

指导要点：请幼儿及时观察，进行补充，出示幼儿所提到的内容，便于其他幼儿获取经验。

3. 师：你可以给这些分分类吗?

指导要点：请小朋友们仔细观察，结合自己的生活经验进行总结，大胆讲述自己的想法。

（二）请幼儿动手操作，将运河物体的图片进行分类。

师：你们看，这些是我们总结的运河里有的各种各样的东西，请小朋友试试，给这些图片分分类，帮它们找到合适的家。

指导要点：引导幼儿根据自己的想法对在运河里见到的水生物及船、桥等进行分类，必要时教师给予提示。

（三）教师总结运河里面的内容可以分为这几类——水生物、船、桥。

活动延伸
1. 引导幼儿在美工区自由创作，将运河里面有什么画在纸上。
2. 建议家长平时多带幼儿出去接触运河，感受运河的独特风光与丰富的物产。

活动反思
运河里有什么一直是幼儿十分感兴趣的话题，本次活动从前期调查开始，在幼儿实际踏访与问询的基础上，引导幼儿大胆讲述自己与家长的发现，分享自己的所见所感，在开放式的交流中拓展经验。同时，教师对幼儿的发现及时总结，可使得幼儿对于运河中有什么产生较为全面的认识。

（俞 敏）

二、收集活动　运河水族馆

活动缘起

之前幼儿初步了解了一些运河里的生物,他们知道运河里有很多的水生物,如鱼、虾、蟹、螺、蚌等。幼儿对这些水生物非常感兴趣,所以我们决定开展一次水生物的收集活动,打造一个运河水族馆,让幼儿进一步认识运河里的水生物。

活动准备

经验准备:幼儿们已经认识了一些运河里的水生物。

材料投放:摆放水生物的架子等环境设施。

收集对象和内容

收集运河里的水生物,感受运河里水生物的多样性。

收集前谈话

请幼儿与家长一起去农贸市场或其他有水生物的地方,通过购买或垂钓的方式收集一些水生物,收集到的水生物请放在水盆等容器中,收集完贴上名字带到幼儿园。

收集后汇总、展示、交流和讨论

交流讨论幼儿收集的水生物,将水生物展示在自然角,请幼儿去看看、摸摸、闻闻,感受鱼、虾、蟹、螺、蚌等水生物的不同外形特征。

活动延伸

幼儿每天去观察或照顾水生物。

(汤心怡)

三、区域活动 我认识的……

经验联结

本次活动是集体活动"运河里有什么"的后延,幼儿已经在集体活动和收集活动中初步认识了常见的水生物。本次活动利用图片引导幼儿口齿清楚并大方地讲述自己认识的水生物。

活动目标

能口齿清楚、大方地讲述认识或见过的鱼、虾、蟹、螺、蚌等水生物。

活动准备

经验准备:幼儿在前期的活动中初步认识了一些水生物。

材料投放:有关鱼、虾、蟹、螺、蚌等水生物的图片。

活动内容

引导幼儿通过观察图片发现自己认识或见过的水生物,并口齿清楚地向他人讲述和介绍。

活动要求

1. 讲述时口齿清楚、语句完整。
2. 安静倾听并给予回应。

指导要点

指导幼儿讲述时要仔细观察图片中水生物的特点,联系自己已有的经验进行完整讲述。

活动延伸

在饲养区饲养水生物,指导幼儿根据不同的喂养方法细心照料水生物。

活动附件

鲫鱼　　　　　草鱼　　　　　鲢鱼

鲤鱼　　　　　鳊鱼　　　　　昂刺鱼

大闸蟹　　　螺蛳　　　河蚌　　　虾

（倪雨青）

四、区域活动　我来照顾你

经验联结

本次活动是集体活动"运河里有什么"的后延,幼儿已经在集体活动中初步认识了常见的水生物,并对感兴趣的水生物进行了收集。本次活动意在将幼儿收集来的水生物饲养在自然角,通过指导幼儿为小鱼布置生态缸,帮助幼儿进一步了解饲养水生物的方法,并萌发爱护动物的情感。

活动目标

能运用多种感官探索小鱼的生存环境和饲养方法,布置生态缸。

活动准备

经验准备:幼儿在集体活动中初步了解了小鱼生存环境需要的要素。

材料投放:鱼缸、鹅卵石等。

活动内容

幼儿根据已有经验讨论饲养小鱼的必备条件和饲养方法,并按照合适的方法来布置生态缸。

活动要求

1. 在布置生态缸前做好讨论并达成统一。

2. 在布置生态缸时要耐心、细心。

指导要点

指导幼儿在布置生态缸时注意根据小鱼的习性进行规划。

活动延伸

观察小鱼的动态特征并进行模仿表演。

活动附件

（倪雨青）

五、区域活动　虾兵蟹将

经验联结

幼儿在开展过收集活动"运河水族馆"之后，已经对运河里的水生物有所了解，对虾、螃蟹、蚌等的生活方式产生了很大的兴趣，所以我们在表演区创设了一个运河水底的游戏情境，供幼儿在区域中扮演"虾兵蟹将"，模仿运河水生物的生活。

活动目标

喜欢进行艺术表演活动，并能大胆表现。

活动准备

经验准备：已了解螃蟹、虾、蚌等生物的生活方式。

材料投放：头饰、水底场景。

活动内容

幼儿在表演区戴着头饰，模仿虾、蟹、蚌等生物在水底的生活方式，尝试表现出水生物的不同特点。

活动要求

1. 要在幼儿充分了解过虾、蟹、蚌等生物的生活特征后再开展此活动。
2. 创设良好的环境，让幼儿身临其境，投入其中。

指导要点

1. 活动开展初期，教师做适当引导，引导幼儿模仿出虾、蟹、蚌等生物的标志性动作。
2. 可以适当增加故事情节，丰富表演内容。

活动延伸

活动成熟后，幼儿可创编儿童剧《虾兵蟹将》，也可参与制作相关道具。

（汤心怡）

六、集体活动　它们的家在哪里？

活动目标

1. 在看看、说说、玩玩中了解鱼、虾、蟹、螺、蚌的生活环境。
2. 乐意参与活动，体验活动带来的乐趣。

活动准备

经验准备：幼儿已经认识这些水生物。

材料投放：水生物生活环境的图片，鱼、虾、蟹、螺、蚌生活环境背景图。

活动过程

(一)请幼儿回忆鱼、虾、蟹、螺、蚌的主要特征。

1. 进行游戏"找朋友"，请幼儿在筐里找一个水生物朋友。（五个筐里各放一种水生物）

2. 和水生物朋友问好。

师：你找到的水生物朋友是谁呀？它的名字叫什么？鱼（虾、蟹、螺、蚌）哪里长得比较有趣？还有谁也找到鱼（虾、蟹、螺、蚌）做朋友的？数一数。

指导要点：鼓励并引导幼儿交流自己所喜欢的水生物的外形特征。

(二)通过图片，帮助幼儿了解鱼、虾、蟹、螺、蚌的生活环境。

1. 出示水生物生活环境的图片，幼儿观察。

2. 交流：鱼、虾、蟹、螺、蚌生活在哪里？（鱼、虾、蟹在水里，蚌在泥里，螺蛳附在苔藓上）

3. 游戏：送朋友回家。

（1）师：（出示鱼、虾、蟹、螺、蚌生活环境背景图）我们的朋友想要回家了，你们想一想，它的家在哪里？请你把它送回家吧。（请一位小朋友示范，然后再分组送水生物回家）

指导要点：鼓励并引导幼儿大胆讲述自己的发现，并将水生物与它的家进行配对。

（2）幼儿和教师共同评价完成的背景图。

活动延伸

在自然角中给水生物进一步布置适合其生活的环境。

活动反思

动物是幼儿非常喜欢的,他们对陆地上的动物认识较多,而对水生物的认知则相对比较匮乏。本次活动我们从鱼、虾、蟹、螺、蚌这些幼儿平时能接触到的水生物入手,带领幼儿认识了水生物的家,勾起了他们对水世界的好奇和兴趣。在活动中,虽然是通过观察图片的方式来认识水生物的家,但是,幼儿还是很感兴趣,他们在观看时发出了各种好奇、惊讶的声音。这些都为幼儿认识更丰富的水生物资源打下了基础。

活动附件

(顾 芸)

七、集体活动 鱼塘的秘密

活动目标

1. 了解人们在鱼塘里养殖的常见鱼种，认识常见的食用鱼及其习性特征。
2. 愿意在同伴面前讲述常见的食用鱼。

活动准备

经验准备：幼儿吃过一些常见的食用鱼。

材料投放：介绍鱼塘养殖的视频。

活动过程

（一）播放介绍鱼塘养殖的视频，请幼儿分享视频中介绍的各种鱼的名称和外形特征，鼓励幼儿用生动、准确的词汇进行描述（视频可扫描活动附件二维码）。

1. 师：你看到视频里介绍了哪些鱼？它们是什么样子的？

指导要点：鼓励幼儿大胆讲述视频中介绍的鱼，包括名称、外形特征等，必要时可配以动作。

2. 师：总结视频中出现的鱼种，请幼儿辨认。

3. 师：你摸过这种鱼吗？它摸起来是什么感觉？（如黑鱼摸起来滑滑的）

4. 拓展介绍：鱼塘里养殖的鱼有鲢鱼、鳙鱼、草鱼、青鱼等。鲢鱼又叫白鲢，在水域的上层活动，吃绿藻等浮游植物。鳙鱼的头部较大，俗称"胖头鱼"，又叫花鲢，栖息在水域的中上层，吃原生物、水蚤等浮游动物。草鱼生活在水域的中下层，将水中植被吞食之后排出来，待粪便滋生微生物之后再吃下去，过滤其中的微生物。青鱼栖息在水域的底层，吃螺蛳、蚌等软体动物。这四种鱼混合饲养，能提高饵料的利用率，增加鱼的产量。

（二）出示常见食用鱼图片，引导幼儿认识、总结常见的食用鱼。

1. 请幼儿说一说自己平时还吃过哪些鱼，这些鱼有哪些特征。

师：你们还见过什么鱼呢？你们知道这些鱼是什么样子的？

2. 出示图片请幼儿总结出常见的食用鱼有哪些。

（三）教师总结。

1. 师：今天我们知道了鱼塘里的秘密，认识了许多鱼，知道了鱼吃的食物，还认识了我们经常吃的一些鱼。

2. 请小朋友回家和爸爸妈妈一起找找生活中还有一些什么鱼。

活动延伸

1. 在科学探究区投放池塘里鱼的图片，让幼儿继续认识并了解更多鱼。

2. 引导幼儿在自然角养一些蚯蚓。

3. 建议家长烹饪不同的食用鱼并让幼儿品尝。

活动反思

运河里都是鲫鱼、鲢鱼等，是幼儿平时比较常见和爱吃的鱼。教师通过视频展示了常见的食用鱼，让幼儿在观看后进行大胆地介绍与分享，提高了幼儿的语言表达能力，同时拓展了幼儿对不同种类鱼的认识，知道了不同的鱼触感不同、特征也有区别。

活动附件

（徐 惠）

八、区域活动　小鱼游啊游

经验联结

本次活动是"鱼塘的秘密"的延伸活动,幼儿对鱼塘及其中的各种鱼非常感兴趣,也对各种鱼的特征有了初步了解,产生了制作小鱼的意愿。考虑到幼儿前期已经能通过绘画与捏泥来创作相对简单的小鱼,本次活动为幼儿提供了更多制作小鱼的材料,让他们在送小鱼进鱼塘的活动中感受不同材料、形状的沉浮情况。

活动目标

能用多种材料制作出不同的小鱼,观察不同材料制作的小鱼的沉浮情况,激发起科学探究的兴趣。

活动准备

经验准备：认识多种常见鱼,对其特征有初步了解。

材料投放：橡皮泥、超轻黏土、瓶盖、纸片小鱼模具、一盆水。

活动内容

用不同的材料制作简易版的小鱼,放入水中观察小鱼的游动与沉浮情况。

活动要求

1. 鼓励幼儿尝试使用多种方式、多种材料制作小鱼。

2. 不同材料制作的小鱼要一条条地放入水中进行观察。

指导要点

1. 可引导幼儿用画、捏、粘等多种方式进行小鱼的制作。

2. 不同材质的小鱼放入水中后,要提醒幼儿仔细观察并大胆描述沉浮情况。

活动延伸

寻找更多材料,到科学区进行沉浮实验。

活动附件

(徐敏聪)

九、集体活动 小鱼生病了吗?

活动目标

1. 观察小鱼翻肚子的现象,推测原因,大胆讲述自己的看法。
2. 在老师帮助下尝试设计值日排班表,并能对照表格开展值日活动。

活动准备

经验准备：幼儿在喂养过程中发现小鱼翻肚子的现象。

材料投放：小鱼翻肚子的照片、养殖区中的小鱼、蜡笔、白纸、投影仪。

活动过程

（一）播放图片，与幼儿一同探讨养殖区小鱼翻肚子的情况，鼓励幼儿大胆描述。

1. 师：在养殖区中的小鱼有什么变化？

指导要点：鼓励幼儿大胆讲述自己的发现，可以配合相应动作，细节部分老师给予帮助和引导。

2. 师：一起来观察一下，小鱼翻肚子是什么样子的？（小鱼翻过来，露出肚皮，漂在水上，嘴巴一直在动。）

3. 师：除了小鱼翻肚皮，鱼缸和最开始比起来还有哪些不同呢？（水的颜色变了，水里有很多脏东西。）

指导要点：提醒幼儿对两张图片进行比较。

（二）探索小鱼翻肚子的秘密。

师："你们觉得小鱼为什么翻肚皮，这是件好事吗？为什么？"

（小鱼在睡觉；水太脏，小鱼要死了；小鱼吃太多，肚子鼓起来了。）

指导要点：鼓励幼儿大胆表达自己观点，并及时记录。

（三）根据幼儿猜测设计值日表格，轮流照顾小鱼。

1. 分类整理幼儿提出的猜测，形成对照组与实验组，设计值日生表格。

2. 在老师的帮助下理解表格含义，并分配每日工作，开展实验。

活动延伸

1. 鼓励幼儿根据值日表格的要求，对实验组小鱼开展变量法实验。

2. 引导幼儿大胆交流自己的发现,并尝试记录下来。

3. 每天与幼儿分享实验组与对照组小鱼的变化。

活动反思

小鱼翻肚子的现象让幼儿非常感兴趣,通过比较,幼儿发现了鱼缸和小鱼细微的变化。在与他们一同交流原因的过程中,幼儿的想法天马行空,这很符合小班幼儿的年龄特点。为此,教师并没有直接告知幼儿小鱼翻肚子的原因,而是通过设置对照组实验以及值日表,引导幼儿开展实验。利用每日区域游戏的时间,通过为期一周的实验与观察,幼儿最终找到了小鱼翻肚子的原因。

(金秋成)

十、区域活动　拯救水族馆

经验联结

开学后,班里的自然角逐渐丰富起来了,孩子们带来了很多小鱼、小虾、小乌龟等。孩子们把它们养在一个一个的小水缸里,放在自然角,班里就像有了一个水族馆。有一天,孩子们发现水族箱里的水很混浊,有点不干净,于是纷纷提出要为小鱼、小虾换水并清洗鱼缸。

活动目标

培养幼儿的责任感，让他们养成做事认真负责的态度。

活动准备

经验准备：知道水族箱需要定期清洗换水。

材料投放：小网兜、鱼缸。

活动内容

鼓励幼儿共同清洗鱼缸，更换鱼缸中的脏水。

活动要求

1. 提醒幼儿先把小鱼捞出，再将脏水倒掉。

2. 提醒幼儿不要过多地给小鱼喂食。

指导要点

1. 可以尝试将水生植物和水生动物养在一起，达到净化水质的效果。

2. 在墙面上粘贴操作步骤图，提醒幼儿换水时的操作方法。

活动延伸

在阅读区同步投放水生动物的科普图书，帮助幼儿了解水生动物的生活习性和照顾方法。

活动附件

（汤心怡）

十一、生活环节渗透　船来了

活动缘起

八坼幼儿园位于运河东岸，在园所走廊内就可以看见运河，是观察运河的绝佳场所。运河中船来船往，不仅能给幼儿直观的感受，而且是吸引幼儿探索运河的切入点。

活动准备

经验准备：幼儿在集体活动中初步了解运河上船只的作用。

材料投放：相机。

活动内容和方式

带领幼儿到园所二楼或三楼长廊散步，说说运河上大轮船的样子，观察其构造，猜猜船里有什么，发现货运船运输的功能。

活动中的指导

指导幼儿观察船只的形状、颜色、运输的货物及船上的人们，引导幼儿说一说自己的发现，并用相机拍摄下来。

活动延伸

将拍摄到的船只照片展示在班级内，请幼儿进一步观察和讨论。

活动附件

如右图所示。

（张欣怡）

十二、区域活动 船，开起来

经验联结

每天幼儿都会在幼儿园长廊上观察运河里来来往往的船。那船为什么不会沉到水里去呢？幼儿产生了大大的疑问。幼儿已经知道有些物体会沉，有些物体会浮，本次活动旨在让幼儿知道船浮起来的简单原理。

活动目标

1. 探索了解哪些东西放在水里是沉的，哪些是浮的，初步感知沉浮现象。
2. 制作简单的能够漂浮的小船，交流制作的体会。

活动准备

经验准备：幼儿知道有些物体会沉，有些物体会浮。

材料投放：大水盆、水、大大小小的玩具船、玩具车、塑料杯、没有盖的盒子、石头、笔、硬纸盒、泡沫板、三角形彩色纸、牙签，以及不同的美工材料和浮沉记录表。

活动内容

幼儿将不同的物品放在盛有水的水盆里，观察哪些物品会沉，哪些会浮。在老师帮助下利用纸盒等材料制作船并放在水盆里试航。

活动要求

提醒幼儿插牙签时注意安全。

指导要点

指导幼儿在观察物品沉浮时用两种颜色的笔记录浮沉结果。

活动延伸

将此活动延伸到家庭中，开展亲子游戏，鼓励幼儿探索家中各种物品的沉浮情况，并把新发现带到幼儿园，和同伴、老师分享。

活动附件

浮沉记录表									
🚢	🚗	📦	🪨	／				

（顾　芸）

十三、参观活动　八圩大桥

活动缘起

　　八圩大桥建好了，孩子们在运河长廊中对这座长长的桥非常感兴趣，说它是这里最长的桥，是这里最硬的桥，等等。还有不少孩子提出了疑问：高高的船会不会撞在大桥上？它是用什么东西搭起来的呢？和平时上学走过的石头桥比起来，八圩大桥上一条一条的是什么东西呢？结合孩子的兴趣与猜测，我们开展了此次参观活动。

活动准备

经验准备：见过不同种类的桥，对桥的外形有一定的了解。

材料投放：新、旧八坼大桥照片，相机。

参观对象和内容

参观八坼大桥，观察八坼大桥的外形构造，了解八坼大桥的制作材料，发现并总结八坼大桥的特征。

参观前谈话

1. 考虑幼儿的安全问题，采用分小组参观的方式，利用4天完成对八坼大桥的参观活动。

2. 幼儿能听懂并跟随老师的口令开展活动。出发前带着问题（八坼大桥是什么样子的，八坼大桥是用什么做的）。安全到达目的地后，针对问题进行参观活动。

3. 在参观中发现新的问题，及时告知老师并进行拍照记录，回到班级后再讨论交流。

参观后汇总和讨论

1. 八坼大桥的外形构造。

（平平的大桥，上面用很多线连起来，上面还有马路。）

2. 八坼大桥的制作材料。

（用了许多钢铁，还有钢铁的绳子，还有很硬的路。）

3. 发现的新问题。

（桥上面的钉子是干什么用的？路有一点碎了会不会很危险？为什么用那么多钢铁的线连着桥？）

活动延伸

1. 放学过后请父母带着孩子继续走一走、看一看八坼大桥。

2. 对孩子们新提出的问题进行记录，并尝试寻找答案。

3. 在美术区和建构区中投入八圻大桥照片，鼓励幼儿画一画，搭一搭。

活动附件

（金秋成）

十四、参观活动　"乌龟腿"

活动缘起

"桥"连通着运河的两岸，方便了两岸居民的日常往来，是运河上不可缺少的一部分。幼儿对运河了解不深，但桥是他们在日常生活中经常走过的，是他们熟悉的、感兴趣的东西。八圻的老街上有着历史悠久的四座古桥，和现代的桥梁有着很大的不同，于是教师带着孩子一起走近古桥、观察古桥。

活动准备

经验准备：和家人一起走过古桥。

材料投放：古桥的图片。

参观对象和内容

参观八坼老街上的古桥，观察古桥上留下的岁月痕迹，欣赏石拱桥的古典美，了解古桥整个桥身都是由石头搭建的。

参观前谈话

1. 初步了解活动地点和路线，知道我们要去参观八坼老街上的古桥。

2. 通过看一看老街、摸一摸古桥、问一问老人的方式，了解古桥的故事，感受古桥的悠久历史。

3. 知道排队时要一个跟着一个，走在马路的右手边。

4. 注意出行时的安全，不跳台阶，走在古桥上时靠中间走，不倚靠扶手。

参观后汇总和讨论

1. 古桥的外形构造。

（是梯形的，桥中间平平的，下面还有圆圆的洞，看起来旧旧的。）

2. 古桥的制作材料。

（由许多石头搭成，石头都很坚硬平整，有的石头滑滑的，有的比较粗糙。）

3. 四座古桥与城隍庙间"乌龟腿"的由来。

4. 发现的新问题。

（八坼大桥和古桥有什么区别？生活中你还见过哪些现代桥或古桥？）

活动延伸

请幼儿到建构区搭一搭古桥,教师提供搭桥结构图,供幼儿对照图纸搭建古桥。

活动附件

（汤心怡）

十五、区域活动　造桥

经验联结

幼儿经过实地走访、观察运河边的不同桥梁之后,对八坼的桥梁产生了浓厚的兴趣。此外,幼儿还在集体活动中了解到桥梁的基本特征与结构,希望通过多种方式将桥表现出来。

活动目标

1. 了解桥的基本构造和造型特征。
2. 能够用自己喜爱的方式建构运河上的桥。

活动准备

经验准备:幼儿对于八坼周围的大桥已经有了实际走访与观察的经验,能够简单地进行建构活动。

材料投放:不同颜色的泡沫积木、不同形状的木质积木。

活动内容

请幼儿根据走访八坼大桥和古桥得到的经验,选择不同种类的积木,与同伴合作或者独立建构出桥的造型。

活动要求

1. 提醒幼儿在建构活动过程中合理利用积木,与同伴友好相处。
2. 引导幼儿在建构时考虑八坼大桥与古桥的特点,体现不同桥的基本特征。

指导要点

指导幼儿在进行建构活动时,注意从桥的底部进行搭建,从下往上放积木。

活动延伸

延伸至生活中的其他桥梁的搭建,引导幼儿观察并发现不同桥梁的特征,尝试进行新的建构。

活动附件

(俞 敏)

十六、区域活动 "桥"这一家子

经验联结

小班幼儿对周围环境、事物已经开始有稳定的态度和情感，但他们对周围事物的认识仍然是零碎、粗浅的。通过此次活动，以幼儿生活中常见的桥为主题，与幼儿共同关注桥的外形和演变，了解桥给我们生活带来的便利，有利于帮助幼儿形成对桥的具体印象，萌发幼儿热爱家乡的情感。本次活动前置，有利于幼儿拓展经验，从而更好地去关注运河上的桥。

活动目标

1. 通过观察，了解桥的基本构造，感受桥的多样性，了解桥的发展史和造型美。
2. 乐于表达对桥的感受、体验和情感，能与同伴分享交流，体会桥给人们带来的便利。

活动准备

经验准备：在生活中看过很多类型的桥。

材料投放：各种桥的图片、各种关于桥的绘本、《小白兔过桥》儿歌图文。

活动内容

1. 请幼儿说说生活中、图片上有哪些桥，他们是由什么材料建造的、是什么形状的，建造在什么地方，桥上有什么，桥下有什么等。
2. 分享自己与桥的合影，有什么趣事以及自己对这座桥的认识。
3. 教师将儿歌《小白兔过桥》的图文张贴在语言区，启发幼儿边念儿歌边进行指偶表演，还可以改编故事进行表演。

活动要求

1. 根据桥的图片，鼓励幼儿说一说桥梁的显著区别与特点。

2. 去绘本中找一找桥，尝试说一说桥的造型、作用，桥周围有什么。

3. 幼儿将《小白兔过桥》改编成故事，教师用录音笔进行记录。

指导要点

1. 与幼儿一起布置与儿歌内容相符的场景，如独木桥、小河流等，让幼儿分别戴上小白兔、大象、狐狸指偶进行表演。

2. 幼儿利用语言区提供的其他道具和指偶，自主创编语言故事并进行指偶表演，如《小羊过桥》等，教师用录音笔记录。

活动延伸

继续寻找生活中的桥。

活动附件

1. 各种桥的图片、孩子们带来的与桥的合影。

2. 儿歌《小白兔过桥》

小白兔，过小桥，走到桥上瞧一瞧。

山羊公公过来了，摇摇摆摆走上桥。

小白兔，往回跑，站到桥头把手招：

"山羊公公，您走好！山羊公公，您先过桥。"

河水听了哗哗笑，小鱼听了蹦蹦跳，

都夸白兔有礼貌。

（徐敏聪）

船舶会（中班）

一、集体活动 小船的旅行

活动目标

1. 通过看绘本故事，知道遇到困难要勇敢，不放弃，感受同伴间的友情。
2. 学习看图说话，乐意讲述小船在旅行中发生的事情。
3. 喜欢交朋友，体验帮助别人的快乐。

活动准备

经验准备：对船的航行有一定的兴趣，知道有不同材质的船。

材料投放：绘本《小船的旅行》、PPT、各种船的图片、彩笔和白纸。

活动过程

（一）谜语导入，激发兴趣。

1. 谜面：有一东西能说话，大家伙都把它夸。一发火就"呜呜呜"，迎完风来又迎浪。
2. 小朋友们，你还见过什么样的船？它们之间有什么不同？如果让你们乘一艘轮船去环游世界，你最想乘坐哪一艘船呢？（幼儿阐述，教师根据内容播放船只图片。）

（二）分段欣赏绘本，了解故事情节。

1. 观看封面，问：你知道什么是旅行吗？小船的心情怎么样？引导幼儿结合秋游和外出旅行的经验，感受小船心情的愉悦。
2. 画面二，问：小船遇到了什么样的小岛？引导幼儿看看、想想，将小岛的形状和名字联系起来。
3. 画面三，小船遇到了风浪的阻碍，教师用闪电音效营造紧张感，让幼儿体会小船遇到危险的

可能性。提问：小船还会继续旅行吗？让幼儿自由回答，并适时地与他们的生活相联系，提出新问题：如果你在生活中遇到了困难你会放弃吗？

4.画面四，问：小船到达港口了吗？它经过了哪里？碰见了什么？让幼儿学习看图说话，比如：彩虹出来啦，太阳落山啦，星星月亮出来啦，太阳升起来了等等。

（三）完整欣赏绘本，感受主人公的热情及勇敢。

小船这次来旅行是有任务的，我们一起来听一听小船旅行的故事吧。引导幼儿完整感知故事，体验小男孩和小女孩的友情，以及小船的热情和勇敢。

活动延伸
1.将绘本投放到阅读区供幼儿阅读。
2.在美工区请幼儿为小船再设计一场旅行，制作成绘本，将故事延续下去。

活动反思
活动中孩子们跟着剧情里的小船一路开过去，心情也跟着小船一路荡漾。就算遇到大雨大浪，小船也能顺利过关，风雨过后遇见彩虹，在夕阳下歇歇脚，然后悄悄地进入梦乡。当小船再次上路，遇上急匆匆的大船，小船却不在意，仍然不慌不忙、悠闲自在地继续前进，终于按照它的速度到达了港口，完成了送信的任务。通过本次的"冒险旅行"，孩子们不仅欣赏了唯美的视觉盛宴，而且体会到了友情、勇敢与

自信。绘本中的文字虽然非常少，但内涵丰富的图片让故事情节更加丰满，在活动过程中教师鼓励孩子多说多看，将看到的图片用语言表达出来，培养了孩子们的语言表达能力。

（张忆诺）

二、调查活动　数船

活动缘起

幼儿园旁边有一条历史悠久的京杭大运河，小朋友们每次走出教室门，都能透过走廊的玻璃窗，看到长长的运河里来往的各种船只。孩子们对这些船产生了很大的兴趣，会用手指着运河里的船，在嘴里数"1、2、3……"于是我们展开了此次"数船"活动。

活动准备

经验准备：认识运河上常见的船的类型。

材料投放：不同类型船的照片、调查表。

调查对象和内容

幼儿在规定时间内，数出各种类型的船、不同行驶方向的船、空船和货物船数量的多少。（以小组为单位）

调查前谈话

首先了解幼儿园旁边的运河里一般有什么类型的船出现，知道有不同行驶方向的船，还有空船和货物船，认识并知道这些船的作用是什么。设计三张调查表，以小组为单位进行调查，看看在规定时间内不同类型的船的数量。

调查后汇总和讨论

数好船后,完成调查表,分享各组的调查结果,得出结论。

活动附件

调查表一:运河上的船 (第 组)				
船的类型	渔船	货船	运河环卫船	运河巡逻船
有√无×				

调查表一:运河上的船 (第3组)				
船的类型	(渔船)	(货船)	(运河环卫船)	(运河巡逻船)
有√无×	√	√	×	×

调查表二:不同行驶方法的船 (第 组)		
时间	方向	数量
	由南向北方向	
	由北向南方向	

调查表二:不同行驶方向的船(第2组)		
时间	方向	数量
9:00-9:20	由南向北方向	14
	由北向南方向	6

调查表三:空船和装货船 (第 组)	
空船和装货船	数量
空船	
装货船	

调查表三:空船和装货船(第1组)		
时间	方向	数量
9:00-9:20	空船	2
	装货船	16

(厉佳欢)

三、集体活动　不一样的船

活动目标

1. 认识不同类型船的名称、功能及动力。

2. 能安静倾听、认真观察，清楚地讲述各种船的特点。

3. 对船有探究兴趣。

活动准备

经验准备：在生活中见到过不同类型的船。

材料投放：各种船的图片、《梦之船》音乐、自制帆船和机械船、水池。

活动过程

（一）谜语导入，引出课题。

师：我给你们猜个谜语——个子像楼房，声音像汽笛，只在水里行，不在路上走。猜一猜是什么交通工具呢？

师：你们知道还有哪些船吗？

指导要点：教师引导幼儿回忆认识的船。

（二）基础部分。

1. 认识并了解各种船的名称、动力。

（1）出示课件的三幅图，让幼儿仔细观察，分别提问：它是什么船？它是如何在水面上行走的呢？

独木舟——靠人力划桨前行。（做动作）

帆船——靠风力吹动前行。

快艇——靠马达推进。

（2）师：这三种船哪一种开得最快？哪一种开得最慢？你是怎么知道的？

（3）将自制帆船和机械船放入水池中进行操作实验，比较船速，排列出不同的船的动力大小。机械动力（马达）最快，风力也比较快，人力最慢。

（4）小结：不同的船是靠不同的动力在水上前行的。目前，世界上的船除少数仍利用人力和风力外，大部分用于水上交通和货运的船都使用机械动力（马达），它们方便、快捷，给我们的生活带来了许多便利。

指导要点：指导幼儿操作实践，总结出不同船的动力大小。

2. 出示船的图片并引导幼儿观察、了解不同作用的船。

（1）师：你还认识哪些船？

（2）出示不同用途的船的图片。

师：它是什么船？有什么用途呢？

指导要点：引导幼儿仔细看图，回答问题。

渔船——有渔网和工具，可以出海捕鱼。

货船——有大大的夹板，可以摆放、运送许多货柜。

游轮——高、大，有许多房间和娱乐设施，可以载运许多人出海游玩。

军舰——大炮，可以巡航作业、保卫我国海域领土。

打捞船——大型吊机，可以打捞沉船。

指导要点：教师出示图片，先向幼儿介绍船的名字，后引导幼儿观察船的外形，再介绍船的用途。在介绍的同时，用提问的方式引导幼儿观察并说出船的名字、外形、用途。

3. 出示图片并引导幼儿观察、了解不同材料的船。

（1）出示不同材料的船的图片，引导幼儿说出名字。

师：刚才我们是按船的作用分类的，那你们知道这些船是什么材料做的吗？（木船、草船、纸船。）

（2）请幼儿讨论，说说自己还知道什么材料的船。（铁船、气垫船等。）

（三）结束部分。

教师总结，帮助幼儿提升认知经验。

活动延伸

播放音乐《梦之船》，引导幼儿跟着音乐做出划船动作（第一次单人，后面逐渐增加），分组进行赛船游戏。

活动反思

本次活动中幼儿的兴趣很高。在认识船的作用的时候，有的幼儿能说出一些教师没有说到的作用。活动过后，幼儿都兴致勃勃地和同伴讨论着船的各种话题。这次活动主要目的是引导幼儿认识并了解不同种类船的名字、外形、用途，激发幼儿对船的探究兴趣。活动过后，幼儿还在进行讨论，说明本次活动是成功的，也说明中班幼儿已经具有对事物进行初步探究的能力了。

（王明怡）

四、集体活动　"船"来"船"去

活动目标

1. 观察运河里来来往往的船只，知道船的基本形状和构造。
2. 能根据所观察到的船，借助不同的美术材料进行艺术创作。
3. 乐意参与环境布置，体验自主创造的快乐。

活动准备

经验准备：观察过运河以及来来往往的船。

材料投放：笔、剪刀、不同材质的纸、花布、乳白胶。

活动过程

（一）实地查看，观察先行。

1. 带领幼儿到长廊观察运河上航行的船只。

2. 请幼儿观察来往船只，分析船的结构，了解运河上的船有哪些特点。

3. 小结：有的船是空的，有的会装东西，有的船大，有的船小。

指导要点：进行实地观察，鼓励幼儿多观察、多发现，并进行现场小结。

（二）分析画面，启发想象。

1. 引导幼儿观察照片，了解画面布局。

2. 问：画面中，船和运河谁更大？你刚才看到多少船？船都朝着哪个方向前进？

师：那我们今天也来自己做一条有很多船的运河吧！

（三）引导用不同材料进行美术创作。

1. 绘画。

（1）请幼儿尝试在运河背景纸上画出大小、造型不同的船。

（2）鼓励幼儿画出一些桥、树木作为点缀。

2. 泥工船。

鼓励幼儿用彩泥为材料，通过捏、团、搓、压来模仿船只的外形。

3. 拼贴船。

（1）使用卡纸、蜡光纸、彩纸、电光纸、花布剪出圆形、方形、三角形等基本形状。

（2）对照运河上所见的船只进行拼贴还原。

4. 毛线船。

（1）请幼儿欣赏毛线船。

（2）教师介绍制作毛线船所需的材料以及操作步骤。

师：我们先要画出船的轮廓，把胶粘在卡纸上，再用毛线轻轻地粘。

5. 全班幼儿分成四组进行创作。

（1）绘画组（提供图画纸、油画棒、记号笔等）；

（2）泥工组（提供各色橡皮泥）；

（3）拼贴组（提供不同材质的纸和双面胶等）；

（4）毛线组（提供不同粗细和颜色的毛线、双面胶）。

指导要点：鼓励幼儿根据自己擅长和喜爱的材料进行分组。

（四）幼儿分享活动。

请幼儿介绍自己的作品，学习初步评价自己和别人的作品。

活动延伸

鼓励幼儿在环境布置的时候，参照自己创作的船进行墙面布置，把运河来来往往的船只表现出来。

活动反思

在上这节课之前,教师特意带着幼儿到二楼的长廊观察了运河里过往的船只,看着河里的船只,幼儿你一言我一语地说着看到的船的特征,这为幼儿后来的创作打下了初步的基础,因此在创作时幼儿也能较为准确地抓住所观察到的船的特征,能根据自己的擅长和感兴趣的创作方式进行小组活动。教师充分尊重幼儿的主体性,后期的作品欣赏也给了幼儿无限的惊喜,让他们感受到了创作的喜悦。

(周奕涵)

五、集体活动 小船试航

活动目标

1. 知道不同材料制作的船的特性不同,沉浮情况也不同。
2. 愿意探究和尝试,体验实践探究的快乐。

活动准备

经验准备：使用不同材料制作过小船。

材料投放：水池、竹筏（木棒船）、积木船、纸船、盒子船、泡沫船、易拉罐船、电子船（塑料）等。

教学过程

（一）设疑激趣，猜测小船沉浮情况。

1. 展示幼儿使用不同材质制作的船，按照材质分类。

指导要点：总结出木质、纸质、铁质、塑料、泡沫这五种材质。

2. 请幼儿猜测不同材质船的沉浮情况，幼儿逐一投票进行猜测。

指导要点：请幼儿调动生活经验分享自己对不同材质的了解，如泡沫比较轻，容易浮起等。

师：我们小朋友选择了不同的材料，制作出了自己的船，刚才又猜测了不同材质的小船能否顺利航行。现在，让我们一起去试航，看看你的小船表现如何吧！

（二）分组试航，实地探究不同材质小船的沉浮情况。

1. 根据不同材质进行分组。

组建木船小分队、纸船小分队等。

2. 明确观察任务与探究目标。

请幼儿观察小船航行时的情况，如小船是否能浮起，有没有航行，航行时有什么变化，最终航行情况如何，为什么会有这样的变化和结果。

指导要点：提醒幼儿围绕这些重点问题进行观察与探究。

3. 按队试航，幼儿共同观察。

（三）交流探讨试航情况，验证猜测。

1. 教师播放各小分队试航视频，交流回顾试航情况。

指导要点：引导幼儿结合各种材质的特性回顾试航结果。

2. 请幼儿根据试航结果再次投票，二次猜测。

3. 讨论、总结各种材质的特性与小船沉浮的关系。

指导要点：鼓励幼儿结合试航情况进行总结，梳理并巩固幼儿的新增经验。

（四）思考延伸，探究如何让船持续动起来。

了解让船浮起来的材料特性后，讨论让船持续航行的方法，约定再次试航。

活动反思

本次活动给了孩子亲身体验、实践探究的机会，帮助孩子们了解到用不同材质制作的小船沉浮情况也会不同。但活动中也出现了新问题：孩子们对试航成功的标准的认识是不同的，有的觉得只要浮起来就是试航成功了，有的则认为要小船航行起来且一直不沉下去才算成功。因此，本次试航活动在总结探究结果之后又增加了一个延伸环节：讨论猜测让船持续航行起来的方法，并约定了下一次试航，也由此引发了新一轮探究。

六、集体活动 划小船

活动目标

1. 学唱歌曲，掌握断顿、欢快和连贯、舒缓的不同演唱方法。

2. 能用肢体模仿出划船的律动，尝试用肢体感受复拍子。

3. 有团队合作精神，体验音乐游戏带来的快乐。

活动准备

经验准备：生活中看过划船，能感受划船的肢体动作。

材料投放：水袖、铃鼓、圆舞板若干、一面小旗子和大鼓、故事挂图。

活动过程

（一）以故事导入。

师：太阳听到了小老鼠的呼唤，努力冲出乌云，又露出金色光芒了！竞赛可以继续了，可以继续划船了。

指导要点：通过挂图丰富的画面内容引发孩子的兴趣，引导孩子看图进行表述。

（二）用肢体感受复拍子。

师：老师的身体很灵活，喜欢跟着音乐跳。小朋友认真听，认真看，体会老师的身体是怎样跟着音乐跳舞的，一会儿老师请你们也跟着音乐一起跳舞。

指导要点：孩子在欣赏、了解划船的音乐旋律、节奏的基础上，尝试匹配划船的动作。

1. 肢体划船。

2. 双人律动划船。

（三）体验龙舟竞赛。

师：请我们小朋友一起参加龙舟竞赛，可是我们没有那么大的龙舟，怎么办呢？

指导要点：提醒幼儿可以使用活动前筹备的道具进行游戏。

1. 水袖划船，屁股坐在水袖上。
2. 夺标竞赛，幼儿分组夺标竞赛，老师摇红旗呐喊，营造竞赛气氛。

（四）乐器分组演奏。

师：老师请小朋友一起用乐器为音乐配上好听的伴奏。

指导要点：幼儿自由选择乐器，根据音乐旋律进行伴奏。

活动延伸

1. 在表演区投放乐器，供幼儿进行游戏。
2. 在语言区投放故事挂图，供幼儿自由讲故事。

活动反思

在故事挂图的辅助下，幼儿与教师一同讲述故事，为学唱歌曲环节做好了铺垫。教师让幼儿在欣赏、了解音乐旋律和节奏的基础上，匹配划船的动作。当发现幼儿不能很好随乐匹配动作时，教师又借助故事挂图和"赛龙舟"等方式增加游戏互动，并及时进行引导。整个活动气氛活跃，幼儿积极投入，感受到了音乐游戏带来的欢乐。

（何琳瑜）

七、区域活动 划船比赛

经验联结

在端午节观看龙舟比赛时，幼儿非常感兴趣，于是我们以游戏的形式展开划船比赛活动。

活动目标

1. 锻炼腿部力量和协调性。

2. 培养与他人友好合作的意识，能与其他幼儿共同游戏，乐意与他人交流、分享不同的玩法。

活动准备

经验准备：观看赛龙舟的录像，了解船手如何划船。

材料投放：节奏轻快的音乐、收录机、红旗一面。

活动内容

幼儿自由结伴，五人一组，后面的幼儿依次抱住前面幼儿的腰或者拉住衣服，蹲着向前走。

活动要求

1. 同时出同一只脚，才不会摔跤。

2. 所有小朋友的节奏要一致。

指导要点

可以通过喊口令，让幼儿步调一致。

活动延伸

加大难度，八人一组、十人一组组成龙舟，再次比赛。

活动附件

（何琳瑜）

八、区域活动　我设计的船

经验联结

在之前的活动中，小朋友们对船已经有了一定的了解，也认识了船的构造、种类、作用等。

活动目标

1. 能围绕主题尝试用一种或多种形式进行轮船模型搭建。
2. 具有动手建构的兴趣，体验建构的喜悦。
3. 有和同伴合作游戏的意识。

活动准备

经验准备：认识船的构造、种类、作用等。

材料投放：积木、奶粉罐、纸卷芯、塑料瓶等。

活动内容

幼儿互相合作，将运河上不同种类的船通过搭建的形式表现出来。

活动要求

1. 搭出轮船的形状。

2. 尝试用不同形状的积木搭建。

3. 可以给搭好的船进行装饰，突出船的种类。

指导要点

与图片进行比较，尽量搭出图片上的轮船形状。

活动延伸

丰富搭建活动内容，可以将运河、运河上的桥、运河边的事物都用积木表现出来。

活动附件

（厉佳欢）

九、参观活动 运河上的加油站

活动缘起

一次午后散步，孩子们路过二楼长廊时正好有一队轮船开过。回到教室后，崔崔一突然说："王老师，轮船为什么可以在水里开呀？"于是师生一起开始了探讨。

活动准备

经验准备：知道汽车靠什么行驶，对加油站有初步的了解。

材料投放：纸，笔。

参观对象和内容

通过网络参观运河上的加油站，观察其外观构造，探讨这种加油站和陆地加油站的区别。

参观前谈话

1. 向幼儿介绍特殊的参观形式：网络云参观。因为加油站在运河上，所以我们无法去现场观摩，只能通过网络上的图片进行了解。

2. 请幼儿猜测运河加油站的作用。

3. 请幼儿结合已有经验说一说运河上的加油站会是什么样的。

参观后汇总和讨论

1. 总结运河上加油站的作用，是为方便大船停靠补充燃油的。

2. 讨论大船加的油和汽车加的油的区别，汽车加的是汽油，船加的是柴油。

活动延伸

现在大家知道了水里、路面的交通工具都是如何加油的了，那再来想一想我们天上飞的飞机是怎么加油的呢？

活动附件

（王玲倩）

十、参观活动　逛码头

活动缘起

午后与幼儿一起散步时，透过二楼长廊的玻璃，看到大运河中排着长长的队伍向前行驶的大轮船，乐乐对莹莹说："你说运河里的船会停下来休息吗？它们会停在哪里休息呢？"莹莹回答："当然要休息了，大轮船也要睡觉的。"孩子们对大船停靠休息的地方产生了兴趣，于是，码头之旅开始了。

活动准备

经验准备：知道运河上有专供大船停靠休息的地方。

材料投放：事先确定离我们最近的码头的位置，制订参观路线。

参观对象和内容

参观了八坼曾经的老码头，了解码头的构造特点与组成，如系船柱等。引导幼儿了解码头的作用、大船的停靠方式等。

参观前谈话

1. 交代参观的去向，提出参观的要求。

（沿途你都看到了些什么？有没有和码头相关的东西？你认识它们吗？）

2. 安全教育。

（在去的路上一定要注意安全，参观码头时一定要注意，切忌沿着河边走。）

参观后汇总和讨论

1. 提示幼儿回忆参观的地方和参观的内容。

2. 知道停船装卸货物的地方叫码头，引导幼儿讲述码头的作用。

活动延伸

带领幼儿云游览各种现代化码头，了解码头的历史演变。

活动附件

（王玲倩）

十一、集体活动　曹冲称象

活动目标

1. 能较合理地想象、分析故事情节，进一步理解故事内容。
2. 初步欣赏中国的历史故事，懂得遇事要开动脑筋。
3. 通过阅读，理解故事情节。
4. 通过视、听、讲结合的互动方式，发展连贯表述的能力。

活动准备

经验准备： 孩子对船的沉浮有初步了解。

材料投放： 绘本《曹冲称象》、白纸、彩笔、曹冲称象的模型教具。

活动过程

（一）导入。

画大象引出本次活动内容。（画个大圆做身子，画个小圆做脑袋，画两根粗的树干做大腿，画一根弯长的树干做鼻子，画两片树叶做耳朵，画两根尖尖的树枝做牙齿，最后画上尾巴。）

（二）教师分段讲述故事，幼儿边听边猜边议曹冲称象的方法。

1. 讲故事，从开头至"我有办法"。

师：曹冲会想出什么办法来称象？

2. 教师继续讲故事至"在船帮上齐水面处，画一道记号"。

师：曹冲为什么要在船帮齐水面的地方画一道记号？曹冲接下来会做什么呢？

指导要点： 引导孩子思考大象上船后，船发生了什么变化。

3. 教师继续讲故事至"曹冲看见船帮上的记号齐了水面，就叫人把石头一担一担地挑下来"。

师：曹冲为什么要往船上倒石头？

4. 教师讲故事至结尾。

（1）讨论：为什么说曹冲是一个聪明的孩子？

（2）给故事取题目。

（三）老师和孩子一起用模型进行曹冲称象的实验。

指导要点： 教师引导孩子根据故事的步骤开展称象的实验。

（四）欣赏完整的故事，进一步理解故事的内容。

总结：这是一个历史故事，也是一个智慧故事。我们幼儿园的楼梯上也有这个故事的图片。其实还有很多民间故事，小朋友也可以叫爸爸妈妈讲给你听听，还可以请爸爸妈妈讲讲自己的聪明故事，好吗？

活动延伸
1. 让孩子思考：你有什么称象的好办法？
2. 将故事绘本投放在语言区，让幼儿自由讲故事。

活动反思
为了更好地开展课题研究，走廊、楼梯都张贴了教师自己画的民间故事连环画，以加深幼儿对民间故事的理解。《曹冲称象》这是个智力故事，教师在设计活动的时候有很多困惑，如问题如何提炼、称象的方法怎样才能用幼儿能理解的语言来表述等。但在开展活动的时候，发现幼儿已经对故事有所了解，一个问题抛下去，幼儿马上就能回答出来了，所以缩短了猜测的时间。整个活动用时较短，过程中教师只用了绘本资源，最后完整欣赏时用视频资源会更好。

（杨虹娟）

十二、区域活动　船的沉浮

经验联结
幼儿之前有过玩沉浮游戏的经验，对物体的沉浮有初步的了解。

活动目标
1. 对科学活动感兴趣，体验实验的趣味。
2. 在实验操作中知道物体在水里有的沉、有的浮，对沉浮现象感兴趣。
3. 能积极动手、动脑操作实验，有创造性思维和探索求知的精神。

活动准备

经验准备：对沉浮有初步的了解。

材料投放：纸船、塑料船2只、木头船、沙子、积木、石头、乒乓球、玻璃碗、橡皮泥。

活动内容

1. 将实验材料放入水中观察物体的沉浮。

2. 用空塑料船和装满沙子的塑料船进行实验，观察沉浮。

3. 鼓励幼儿自己动手操作，并能说出物体是沉的，还是浮的。

活动要求

鼓励孩子进行更多的尝试，寻找安全可行的材料进行实验。

指导要点

鼓励孩子大胆尝试，动手动脑。

活动延伸

让幼儿动脑思索怎样让橡皮泥浮在水面上。教师可把橡皮泥捏成船的形状进行实验，让幼儿观察。

活动附件

（杨虹娟）

⭐ 运河上的桥（大班）

一、调查活动　运河上的桥

活动缘起

幼儿在三楼长廊上欣赏我们的八坼大桥时，不禁好奇：这条长长的运河是从哪里到哪里呢？上面一共有多少座桥呢？带着这些疑问，我们利用生活活动，在网上收集了一些信息，发现从杭州到北京有许许多多的桥，很难记录。那我们就一个城市一个城市地数吧！此次调查活动就从京杭大运河的起点——杭州开始。希望通过此次调查，幼儿能了解京杭大运河比较有代表性的运河桥，寻找它们的特征。

活动准备

经验准备：幼儿了解过京杭大运河流经的城市。

材料投放：调查表，运河上的各种桥。

调查对象和内容

调查对象：家人长辈。

调查内容：京杭大运河的运河桥有哪些？这些桥有什么特点？

调查前谈话

我们要调查哪里的运河桥？（杭州段、无锡段、苏州段、扬州段、山东段、北京段）

我们和谁一起调查？（爸爸妈妈）

我们可以用什么方法？（书籍、杂志、地图、网络……）

调查的时候要注意什么？（1.将图片发给老师；2.幼儿表征；3.家长说明）

调查后汇总和讨论

你调查到的运河桥叫什么？（广济桥、拱宸桥、坝子桥、隆兴桥……）

这些运河桥有什么特点？（归纳不同段的桥的特点）

活动附件

关于"京杭大运河杭州段桥梁"的调查表

我找到的杭州运河桥			桥梁知多少 （家长填写桥梁信息）	我给桥梁画张相 （幼儿绘画）
桥的名称	桥的材料	桥的特点		

"北京的运河大桥"调查表

小朋友们，京杭大运河很长很长，从杭州一直到北京，运河上有各种各样的桥，那你知道北京的运河大桥都有哪些吗？请家长帮他们一起完成任务吧。

你找到了哪些桥？

这些桥有什么作用？

请你选一座你最喜欢的运河大桥，对其详细了解，说一说你为什么喜欢它？

无锡运河古桥调查表

蜿蜒千里的京杭大运河流经无锡，穿城而过。在无锡运河上横跨着一座座桥，它们长什么样子？背后又有怎样的故事？快和爸爸妈妈一起调查一下，动动小手画下来吧！

画一画	写一写

"扬州的运河大桥"调查表

小朋友们，你们知道运河有哪些重要的跨越城市吗？你们知道扬州的运河大桥都有哪些形状吗？他们运用不平凡吗？和自己的爸爸妈妈一起来探索一下吧！

你找到了哪些不同桥？（它们分别叫什么？）

它们有什么作用？

你能说说哪座桥你最喜欢吗？为什么？

《运河上桥》调查表
——宝带桥

小朋友们在我们身边有一座桥，它与赵州安济桥、北京卢沟桥等并列为中国四大古桥，那就是——宝带桥。关于宝带桥你还知道它的哪些方面呢？快带着爸爸妈妈一起来画一画、写一写吧。

画一画	写一写

"山东的运河大桥"调查表

小朋友们，山东济宁素有"运河之都"的美誉，元明清三朝，京杭大运河流经济宁城区，使济宁几乎处处有水，处处有桥。那你知道济宁有哪些著名的桥梁吗？请家长帮助你们一起完成任务吧。

你找到了哪些桥？

这些桥中有哪些是古桥（包括古桥翻建）？

请你选一座你最喜欢的运河大桥，对其详细了解，说一说它的历史。

（吴翀燕）

二、集体活动　拱宸桥

活动目标

1. 通过介绍，知道拱宸桥是杭州运河古桥中最高最长的石拱桥，了解拱宸桥的历史变迁。
2. 通过观察，了解以拱宸桥为代表的拱桥的基本特征。

活动准备

经验准备：了解过拱桥的外形。

材料投放：拱宸桥的图片、杭州运河上其他石拱桥的图片、拱宸桥的历史由来。

活动过程

（一）分享调查表导入。

请幼儿介绍自己的调查表。

指导要点：鼓励幼儿大胆讲述自己调查的运河桥的名称、特征等，引出拱宸桥。

（二）介绍拱宸桥。

1. 出示拱宸桥的图片。

师：你们知道这是一座什么桥吗？你是怎么看出来的？

指导要点：鼓励幼儿从建造的材料和石桥的特征来猜测古桥的名称。

2. 介绍拱宸桥。

（1）拱宸桥的意义：拱宸桥是杭州古桥中最高最长的古桥，它是京杭大运河的起点，古时候的杭州人就以它为界线，在它里面就是自己的家乡，在它外面就是自己即将去闯荡的世界。

（2）拱宸桥的特征：石拱桥、三孔桥。

（三）杭州运河上还有哪些桥也是石拱桥？

1. 回顾并总结调查表。

2. 介绍杭州的其他石拱桥：欢喜永宁桥、广济桥、坝子桥。

活动延伸

1. 在美工区投放杭州运河桥和其他桥梁或建筑的图片，让幼儿通过动手操作进一步了解石拱桥的结构特征。

2. 在阅读区内投放一些带有对称美的绘本，通过阅读欣赏，感受对称的无处不在。

3. 引导幼儿观察建构区搭建技巧中的对称，掌握通过对称让建筑不倒的秘密。

活动反思

这个活动主要向幼儿介绍杭州最长最高的运河古桥——拱宸桥，通过介绍拱宸桥，让幼儿加深对石拱桥的认识，知道有单拱石桥和多拱石桥。此外，通过对调查表的介绍和总结，让幼儿了解杭州运河上更多的石拱桥，并通过欣赏这些古运河桥，感知其重要特征和意义。

我家住在运河边

关于"京杭大运河杭州段桥梁"的调查表

杭州是京杭大运河的起讫点，在京杭大运河上，杭州界内到底有多少座桥呢？这个秘密就藏在下面哟！请宝贝们和家长一起找一找资料，画一画，写一写吧！

我找到的杭州运河桥			桥梁知多少（家长填写桥梁信息）	我给桥梁画张相（幼儿绘画）
桥的名称	桥的材料	桥的特点		
梁式桥	木梁桥、石梁桥、钢梁桥……	施工和架设方便	中小跨径桥梁，在桥梁建筑中占有很大比例。	
斜拉桥	承压塔、斜拉索、受弯梁体	降低建筑高度、节省材料	它是一种自锚式体系。	
拱式桥	砖、石、混凝土	节约成本，美观、结实、受周易多、耐久、结构简单	有双曲拱桥，桁架拱桥等。	
悬索桥	钢链、索塔	跨度大	别名：吊桥，19世纪初被发明的。	

关于"京杭大运河杭州段桥梁"的调查表

杭州是京杭大运河的起讫点，在京杭大运河上，杭州界内到底有多少座桥呢？这个秘密就藏在下面哟！请宝贝们和家长一起找一找资料，画一画，写一写吧！

我找到的杭州运河桥			桥梁知多少（家长填写桥梁信息）	我给桥梁画张相（幼儿绘画）
桥的名称	桥的材料	桥的特点		
广济桥	石头	它是一座七孔桥	它位于杭州余杭区塘栖镇西北，是古运河上仅存的一座七孔石拱桥。	
昌运桥	钢筋、水泥	它是简单又奢华的钢箱提篮拱桥结构	以中国红横跨越运河的这条桥架于拱墅区桥弄街往北康桥区往北，全长686米。	
潮王桥	石板、钢筋	桥内侧桥栏两侧组潮王雕像	它是潮王路与运河交叉桥，它形显治中期入了潮王故事。	
青园桥	钢筋、水泥	跨度大	它坐落处西湖文化广场西侧，横跨京杭大运河，靠近炼油厂桥，建成于200年，长12米，宽4.8米。	

三、参观活动　云游中国京杭大运河博物馆

活动缘起

幼儿认识杭州运河段上的一些桥，知道在杭州有一座关于运河的博物馆——中国京杭大运河博物馆，幼儿对此很感兴趣，于是我们开展了此次云游中国京杭大运河博物馆活动。

活动准备

经验准备：了解京杭大运河的起点和终点。

材料投放：杭州京杭大运河博物馆官网。

参观对象和内容

云参观中国京杭大运河博物馆，欣赏博物馆五个展厅的内容，了解中国京杭大运河博物馆的历史意义。

参观前谈话

1. 师：你知道中国京杭大运河博物馆吗？

2. 我们按照序厅—第一展厅—第二展厅—第三展厅—第四展厅的顺序参观。

3. 在参观时请保持安静，可以记录下自己感兴趣的展厅。

参观后汇总和讨论

1. 你对哪个展厅最感兴趣？为什么？

2. 你参观中国京杭大运河博物馆后有什么感想？（对运河、对古代人）

活动延伸

在美工区投放一些材料，支持幼儿表现出自己印象深刻或喜欢的运河内容。

活动附件

杭州京杭大运河博物馆官网：http://www.canel-museum.cn/

（陈建娟）

四、集体活动　无锡运河古桥

活动目标

1. 认识无锡的清名桥，感受对称结构的均衡稳定。
2. 欣赏桥洞、桥墩、桥柱等有规律的变化和重复的设计，感受其美感。
3. 能运用不同的材料表现不同造型的桥，再现自己对不同造型美的理解，体验创作的乐趣。

活动准备

经验准备：知道运河流经了很多城市且每座城市都有运河古桥。

材料投放：各种无锡运河古桥的图片。

活动过程

（一）请幼儿分享自己调查表上的无锡运河古桥是什么样子的，鼓励幼儿用生动、准确的词汇进行描述。

师：你调查了什么桥？这座桥是用什么材料建成的？这样的一座桥给你什么感觉？

（二）认识清名桥。

1. 出示清名桥图片。

师：这座桥和刚才看的那座桥有什么不同？

师：这座桥叫清名桥，建于明朝，刚才有小朋友提到它和八坼老街的古桥有一点像，但这座桥坐落在无锡，无锡也是运河流经的一个城市。

师：这种造型的桥看起来像什么？你从这座桥上还看到了什么？

2. 介绍桥洞、桥墩、桥栏等结构名称。

3. 引导幼儿用曲线来表现拱桥的造型，感受曲线的视觉效果。

师：这种曲线造型让你想到什么？

（三）认识无锡其他的桥。

师：无锡除了这座有名的清名桥，还有很多历史悠久、造型独特的古桥，一起来欣赏一下吧。

师：西门桥是无锡有史料可查考的最早的古桥。

师：显应桥的背后有一段老百姓对抗灾荒的故事，现在已被改编成了戏曲，广为流传。

师：大公桥是江南古运河上第一座钢筋混凝土结构的连续钢构桥。它凝铸了工商业之魂，饱含着工匠的巧思，体现了无锡人的智慧与心血。

（四）请幼儿欣赏桥洞、桥墩、桥栏有规律的变化和重复的设计，感受不同的规律带来的不同美感。

师：请你们观察一下，显应桥和清名桥不同的地方。

1. 欣赏几个逐渐变化的桥洞。感受桥洞因大小、高低不同而产生的渐变的规律，形成的另一种美感。
2. 欣赏高低配合的主从协调的造型，领会古桥丰富多彩的造型所带来的不同感受。
3. 请幼儿运用卡纸、塑料玩具、橡皮泥、吸管、水粉颜料，再现古桥造型。
4. 互相欣赏作品，同伴交流分享。

活动延伸

请幼儿与父母一起寻找无锡的名胜和特产。

活动反思

八坼幼儿园早已开展了很多有关运河的主题活动，幼儿对运河和运河上的桥也不陌生，但运河很长，蜿蜒流向了很多别的城市，别的城市有哪些古桥呢？教师通过调查表请幼儿去探索无锡的运河古桥，让幼儿进行大胆的介绍与分享，发现有直直的桥，也有弯弯的桥，感受到了不同造型的美；再通过画笔进行表现，拓展了幼儿对不同造型的桥的认识，让他们知道了桥洞、桥墩、桥栏。

（吴绮雯）

五、区域活动　造桥

经验联结

玩沙水游戏时，幼儿有的在沙水池里挖沟渠、灌水，有的把沙子堆成了一座座小山。有幼儿看到后提议把这些小山丘连起来,那怎样连起来呢?幼儿觉得可以搭桥,于是沙水池的搭桥活动开始了。大班幼儿已经充分掌握了沙易造型、易变形的特征,本次活动旨在让幼儿进一步了解一座桥应具备的基本结构:桥面、桥墩和护栏。

活动目标

1. 进一步了解桥的基本结构。
2. 能自主寻找合适的低结构材料进行桥的搭建。
3. 活动中享受合作的乐趣,体验探索的快乐。

活动准备

经验准备:幼儿已有沙水建构的经验。

材料投放:铲子、耙子、木板、木块、管道、矿泉水瓶、易拉罐等低结构材料。

活动内容

幼儿自主分组讨论造桥计划,选择所需的低结构材料,合作造桥。

活动要求

提醒幼儿根据计划选择材料。使用工具要蹲下,不用手揉眼睛。

指导要点

1. 指导幼儿在造桥过程中注意桥的稳固性。
2. 引导幼儿合理分工合作。

活动延伸

收集废旧材料在家里开展亲子活动——造桥。

活动附件

（陈建娟）

六、集体活动　宝带桥

活动目标

1. 结合经验，能大胆讲述自己见过的桥。

2. 通过欣赏图片，了解宝带桥的基本结构。

3. 通过探索发现，了解更多运河上的桥。

活动准备

经验准备：对于拱形桥有一定的认识。

材料投放：宝带桥的图片。

活动过程

（一）教师介绍宝带桥的历史。

师：宝带桥是"中国四大古桥"之一，位于苏州古城东南隅，横跨澹台湖及大运河交汇处，是大运河沿线现存最长的一座多孔古石桥，始建于唐代元和十一年（816年），由当时的刺史王仲舒主持建造。为筹集建桥资金，王仲舒带头将自己身上的宝带捐出来，宝带桥由此而得名。20世纪80年代，运河改道时将河道北移近百米，宝带桥不再承担水上交通功能。但它作为全国重点文物保护单位，见证着运河的历史，成了大运河上一道迷人的风景线。

（二）请幼儿了解宝带桥的造型特征。

1. 引导幼儿仔细观察桥的长度和桥洞。

指导要点：鼓励幼儿大胆猜想桥的长度以及桥洞的数量

2. 请幼儿重点观察中间的 3 个桥洞，发现与周围桥洞的不同。

3. 请幼儿说说桥洞的作用有哪些。

指导要点：鼓励幼儿大胆猜想为什么中间是 3 个大的洞，旁边都是小的。

（三）我们居住的地方还有哪些运河桥？

1. 吴江运河大桥。

吴江运河大桥是吴江城区横跨京杭大运河和 227 省道的一座大桥。西起长安路，东至同津大道，总长 960 米。这是吴江第一座斜拉索桥，主桥采用独塔双索面斜拉桥方案，主跨 123 米，采用钢混结合箱梁；边跨 75 米，采用预应力混凝土主梁，设有辅助墩。主塔全高 77.07 米，桥面全宽 43 米。

2. 八坼大桥。

八坼大桥建于 1989 年，由于建成时间较长，桥梁标准较低，属于危桥和碍航桥梁，已被列入改建计划。新的八坼大桥于 2022 年 1 月改建完成，5 月正式通车。八坼大桥横跨京杭大运河，路线全长约 314 米，桥面宽度 16 米。

（四）苏州还有什么有名的地方？

景点：虎丘、拙政园、狮子林、留园、金鸡湖等。古镇：周庄、同里、甪直。

活动延伸

1. 投放绘本《桥》《各种各样的桥》到阅读区中，支持幼儿继续认识并了解更多的桥。
2. 建议家长在周末带着幼儿走一走、看一看周边的桥。

活动反思

幼儿对于桥还是很熟悉的，但是对于这么长、桥洞又这么多的桥幼儿既懵懂又好奇。通过这次教学活动，幼儿对宝带桥有了概念性的认识，后期需要通过实际参观或观看视频资料等手段来了解更多的知识。此外，我们还让幼儿认识了一些运河上其他的桥，进一步开阔了幼儿的视野。

（何 萍）

七、参观活动　新源桥

活动缘起

通过调查、观察图片等方式，幼儿对运河上的桥有了一定的了解，为了近距离感知桥的特性，我们开展了此次实地参观活动。

活动准备

经验准备：了解桥的演变过程，知道各种桥的形状。

参观对象和内容

参观八圻的运河桥，了解新源桥，探究新源桥，观察它到底是平的还是拱形的。

参观前谈话

1. 讨论怎么去参观新源桥。
2. 你准备用什么方式记录自己看到的新源桥？
3. 参观时要注意些什么？

参观后汇总和讨论

1. 新源桥是平的，桥墩、桥面由水泥浇筑而成，桥面两侧用青砖有规律地堆砌成护栏。
2. 新源桥属于运河支流上的一座桥，是很多幼儿上下学必经的一座桥。

活动延伸

请家长带幼儿参观八圻段运河上的其他桥。

（朱　婷）

八、集体活动 扬州的运河桥

活动目标

1. 通过观察渡江桥的形状,发现物体结构与功能之间的关系。

2. 观察图片,说出扬州运河上桥的名称以及用途。

3. 能在欣赏扬州的运河桥、古迹的过程中感受中国文化历史的悠久、风景的绚丽。

活动准备

经验准备:了解桥是有各种形状、各种用途的,能大致说出扬州桥的名称。

材料投放:调查表《扬州的运河桥》,扬州的运河桥、扬州名胜古迹的图片。

活动过程

(一)认识扬州的渡江桥。

1. 出示渡江桥图片。

师:你们认识这是什么桥吗?它坐落在哪一座城市?

师:你们去过渡江桥吗?没有去过也没关系,老师这里有几张照片请你们欣赏一下。

2. 了解渡江桥的特征。

师:看过照片,你能说说这座桥有什么特点吗?你知道这座桥是用什么材料做的吗?为什么要拿这种材料来制作?

师:它的结构是怎样的?有什么功能吗?

(二)认识扬州其他的桥。

1. 出示调查表。

师:之前我们做过一张调查表,现在请你们拿出来介绍一下,扬州还有哪些有名的桥呢?

(解放桥、跃进桥、柳叶桥、通扬桥、剪影桥等。)

2. 请幼儿自主介绍自己最喜欢的桥，并与渡江桥进行对比。

师：扬州的桥真多呀，除了渡江桥，你最喜欢哪一座桥呢？能用刚才的方式来介绍一下你喜欢的桥吗？可以说说它的材料结构和用途哦。

师：你所介绍的桥和渡江桥有什么区别吗？

（三）走进扬州，了解名胜古迹。

出示扬州名胜古迹图片，逐一介绍。

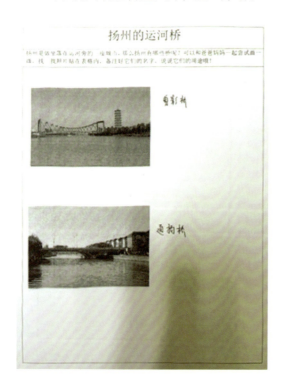

师：其实扬州是一座古城，那里还有许多好玩的地方，你们还知道扬州有哪些有趣的地方吗？

（2）教师逐个介绍扬州名胜古迹。

师：我们来看一下，扬州有哪些有趣的地方。

（瘦西湖、大明寺、个园、何园、东关街等。）

活动延伸

师：你们喜欢扬州吗？可以把你最喜欢的景区画下来，有机会让爸爸妈妈带你去旅游哦！

活动反思

生活中桥是很常见的，不过扬州的桥结构、形态各异，用途也有所差别。在活动的过程中，幼儿不仅了解了扬州各种桥的构造、材料、用途，还欣赏到了扬州的名胜古迹，对运河城市充满好奇与喜爱，只不过照片终究抵不过身临其境，如果能有机会亲自去一趟扬州，那么幼儿一定会有一番不一样的感受。

活动附件

（吴宇遨）

九、参观活动　云游扬州中国大运河博物馆

活动缘起

幼儿园门厅有一张运河流域的地图，幼儿会随兴趣在大运河里摆弄船只。有幼儿分享跟爸爸妈妈去扬州参观中国大运河博物馆的经历，于是我们决定云游扬州中国大运河博物馆。

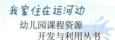

活动准备

经验准备：知道京杭大运河的起点和终点，初步了解这条连接北京、杭州的京杭大运河有1794千米！它是世界上最长的运河，也叫南北大运河，知道大运河上的一些运河大桥。

材料投放：扬州中国大运河博物馆官网。

参观对象和内容

参观扬州中国大运河博物馆，欣赏"大运河——中国的世界文化遗产""因运而生——大运河街肆印象"2个基本陈列和"运河上的舟楫""运河湿地寻趣"等9个专题展览，了解开凿大运河的原因，大运河为中国的发展带来的变化。

参观前谈话

1. 教师带领幼儿网上游览扬州中国大运河博物馆。

　　一号馆：大运河——中国的世界文化遗产

　　二号馆：运河上的舟楫

　　三号馆：因运而生——大运河街肆印象

　　四号馆：世界知名运河与运河城市

　　六号馆：运河湿地寻趣

　　七号馆：大运河非物质文化遗产

　　八号馆：河之恋

　　九号馆：紫禁城与大运河

　　十号馆：隋炀帝与大运河

2. 在云游时注意保持安静。

参观后汇总和讨论

1. 刚才我们参观了扬州中国大运河博物馆，你知道博物馆总共有几个馆？

2. 你最喜欢哪个馆？为什么？

3. 总结：扬州中国大运河博物馆从历史变迁、科技成就、社会作用、经济文化、保护传承五个方面对大运河及其相关内容进行了详实的展示，可以说是通过展览谱写了一首中国大运河的史诗，有宏大的叙事，也非常精细，不愧是国字头的馆，直线向国博看齐……

活动延伸
请幼儿选取自己最喜欢的展馆，回家邀请父母一起打开官网游览。

活动附件
扬州中国大运河博物馆官网：https://canalmuseum.net/exhibition/

（吴卫珍）

十、集体活动　山东的运河桥

活动目标
1. 观察图片，能说出京杭大运河山东段上的运河桥的名称以及用途。
2. 通过观察山东的运河桥的形状，发现物体结构与功能之间的关系。
3. 能在欣赏山东的运河桥、古迹的过程中感受中国文化历史的悠久、风景的绚丽。

活动准备
经验准备：了解桥是有各种形状、各种用途的，能大致说出山东的运河桥的名称。

材料投放：山东的运河桥、名胜古迹的各种图片。

活动过程
（一）认识山东的八里庙济荷铁路桥。

1. 出示八里庙济荷铁路桥图片。

师：这座桥和我们之前认识的桥有什么不一样？它的结构是怎样的？有什么功能？

2. 出示八里庙济荷铁路桥桥面图片。

请幼儿观察桥面，发现不同，知道这是一座铁路桥。

3. 教师介绍八里庙济荷铁路桥。

新兖石铁路分四段修建，第一段为兖州至济宁段，原称兖济支线，1912年通车，1944年拆除，1958年修复；第二段为济宁至菏泽段，曾称济菏铁路，1979年建成，1980年由济南局济菏临管处临管运营；第三段为新乡南至菏泽段，由铁道部第三工程局于1985年建成；第四段为兖州至日照石臼，1985年建成。八里庙济荷铁路桥位于第二段济宁至菏泽段。

（二）认识山东其他的桥。

1. 出示调查表。

师：上次我们做过一张调查表，现在请你们拿出来介绍一下：山东还有哪些有名的桥呢？（会通桥、老洋桥、柳巷口桥、玉带桥等。）

2. 幼儿自主介绍自己最喜欢的桥，并与八里庙济荷铁路桥进行对比。

师：山东的桥真多呀，除了八里庙济荷铁路桥外，你最喜欢哪一座桥呢？能用刚才的方式来介绍一下你喜欢的桥吗？可以说说它的材料结构和用途哦。

师：你所介绍的桥和八里庙济荷铁路桥有什么区别吗？

（三）走进山东，了解名胜古迹。

1. 出示山东名胜古迹图片。

师：其实山东还有许多好玩的地方，你们知道山东有哪些有趣的地方吗?

2.教师逐个介绍山东名胜古迹。

师:我们来看一下,山东有哪些有趣的地方。

(孔府、泰山、蓬莱阁、趵突泉公园、崂山等。)

活动延伸
请幼儿将自己喜欢的山东的桥和名胜古迹画一画或用积木搭一搭。

活动反思
桥对于幼儿来说并不陌生,生活中随处可见,不过山东有一些桥的结构形态与我们生活中所见略显不同,用途也有所差别,例如,八里庙济荷铁路桥是火车通过的桥,在我们幼儿园这里火车都很难见到,更别说是铁路大桥了。在活动的过程中幼儿不仅了解了山东各种桥的构造、材料,还欣赏到了山东的名胜古迹,对山东充满好奇与喜爱。

活动附件

(马正英)

十一、集体活动　北京的运河大桥

活动目标

1. 乐于探索，能够通过一些简单的调查获取信息，简单了解北京运河桥的发展史。
2. 初步感知桥梁的建筑结构，知道桥的特征及用途。
3. 了解千荷泻露桥的设计灵感来源，尝试按照自己的想法设计一座桥。

活动准备

经验准备：知道运河一直延伸至北京，北京也有很多运河大桥。

材料投放：家长与幼儿共同完成的调查表，幼儿收集北京运河大桥的图片。

活动过程

（一）展示"北京的运河大桥"的调查表，引导幼儿说说各种各样的桥。

1. 幼儿与同伴交流。

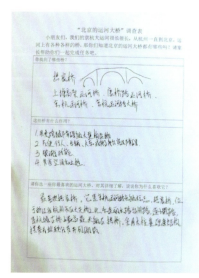 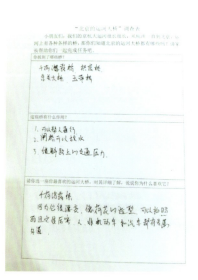

师：前几天老师发放了"北京的运河大桥"调查表，现在请同学们说说自己调查到了哪些桥。叫什么名字？这些桥是什么样子的？它是用什么材料建造的？

2.幼儿集体交流。

师：现在请介绍一下你调查到的桥。

（二）展示幼儿收集的图片，引导幼儿初步感知认识各种各样的桥。

1.师：这是什么桥？你知道它的名字吗？它是什么形状的？它是用什么材料做的？

带领幼儿逐一观察画面，感知不同结构特点的桥梁。

2.引导幼儿讨论各种各样的桥梁的用途。

（1）师：我们知道了桥有各种各样的类型。它们有什么不一样的地方呢？立交桥为什么不是建在河流上，而是建在马路上的？为什么有的桥很大、很长，有的桥却很小呢？

（2）请幼儿开展讨论，说出自己的发现和认识。

（3）小结：桥梁最初是用来跨越江河的。如今，除了架在江河上的桥以外，还有架在空中的立交桥和架在十字路口的人行天桥。这些桥不仅保证了道路的安全畅通，而且已成为现代城市的漂亮建筑。

（三）引导幼儿认识千荷泻露桥、北京新首钢大桥、颐和园的玉带桥等。

1.按建桥地点来分，可分成架在河面上的桥和架在陆地上的桥。

2.按建桥材料来分，可分成木桥、石桥、铁桥、钢筋混凝土桥等。

3.按桥的形态来分，可分成有桥墩的桥和没桥墩的桥。

（四）引导幼儿重点认识千荷泻露桥。

1.师：你最喜欢哪座桥？为什么？你知道它的设计灵感来源吗？

2.请幼儿相互讨论。

3.小结：千荷泻露桥以"荷"为主题，蕴含着"莲叶何田田"的文化意境。

活动延伸

假如请你设计一座桥，你会怎么设计？请你试试看。

活动反思

本活动主要请幼儿将收集到的资源进行整合，了解北京的运河大桥，简单认识这些桥的名称、造型及由来。在初步认识这些桥后，通过桥的地点、材料和形态进行分类，加深对这些桥的认识。在活动中，给幼儿机会介绍桥、表达自己的观点，增强了幼儿的自信心、表现力和语言表达能力。本活动的重点是让幼儿认识、了解千荷泻露桥，千荷泻露桥造型独特，构思巧妙，幼儿很感兴趣。在活动延伸中，幼儿也能借鉴此桥的造型进行创作。

活动附件

（黄晶晶）

十二、区域活动　桥梁设计师

经验联结

前期活动中幼儿已经对运河上的桥有了一定的了解与认识，在实地参观过运河上的桥后，幼儿对桥的结构、材料等有了自己的想法，但还不能将自己对桥的认识很好地表现出来，本次活动由此展开。

活动目标

1. 欣赏了解各种各样的桥，感受桥的设计美。
2. 尝试用不同材料，设计出不同风格的桥。
3. 能用辅助材料丰富作品，提高大胆创新能力。

活动准备

经验准备：了解过不同种类、形状的桥，有实地观察桥的经验。

材料投放：纸张、水彩笔、水粉颜料、调色盘、抹布、木块、积木、插塑、各种废旧材料等。

活动内容

幼儿欣赏桥梁图片，自由选择材料、工具开始创作，最后用辅助材料丰富作品。

活动要求

1. 可以单独完成，也可以和同伴合作。
2. 使用工具和材料时注意安全。

指导要点

指导幼儿创作时注意桥梁的平衡、稳固等特性。

活动延伸

幼儿到建构区自由选择材料(小盒子、小木块、积木、插塑等)，进行创意搭建。

活动附件

 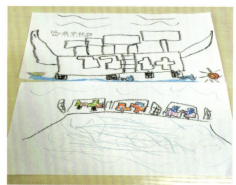

（朱 婷）

十三、生活环节渗透 听！运河故事

活动缘起

幼儿对运河上的船已经有了一些认识，但是他们对于运河还有很多的问题，那么就利用午餐后的时间来听一听关于运河的故事吧。

活动准备

经验准备：幼儿已有关于运河流经城市的认识和了解。

材料投放：有关京杭大运河的故事。

活动内容和方式

午餐后，教师讲述关于运河的故事。

活动中的指导

指导幼儿讲述自己对运河故事的感受。

活动附件

隋炀帝修大运河的故事：隋炀帝成为皇帝后，利用已有的经济实力，征用了几百万老百姓，以之前众多王朝开凿留下的河道为基础，开通了一条纵贯南北的大运河。为了加强南北交通，巩固隋王朝的统治，他又让民工挖通济渠、永济渠、邗沟和江南河四段，连接海河、黄河、淮河、长江和钱塘江五大河流，建成了全线贯通、全长两千七百多千米的京杭大运河。

（吴卫珍）

系列活动方案

古纤道（中班）

一、参观活动　走古纤道

活动缘起

在社会实践活动——逛八坼老街的桥时，我们来到了曾经的码头，在那里幼儿围着一块"石头"研究起来，原来是保留下来的系船柱。它是用来系船的，是怎样系船的呢？又是谁来负责系船呢？

活动准备

经验准备：经常观察运河里过往的船只，参观过八坼码头。

材料投放：古纤道照片、视频。

参观对象和内容

纤道是运河两岸纤夫挽船前进的小路，在吴江就有一条古纤道，它有着悠久的历史，是江南运河仅存的一条古纤道，意义重大。

参观前谈话

周末可以和爸爸妈妈一起去参观运河古纤道，让爸爸妈妈用手机把看到的运河古纤道拍下来，回来跟小朋友一起分享你的所见所想。运河古纤道是京杭大运河的重要遗产，小朋友在参观的时候既要注意安全，也要学会爱护文物。

参观后汇总和讨论

运河古纤道是我们江苏省的重点保护文物之一，参观了运河古纤道之后你有什么感受呢？面对这么宝贵的文化遗产我们能为它做些什么呢？

活动延伸

讨论保护古纤道的方法，我们要怎样做？

活动附件

（陆赛男）

二、集体活动　纤夫

活动目标
1. 了解纤夫的工作，体会纤夫的辛劳。
2. 愿意参与小组活动，尝试拉"船"。

活动准备
经验准备：观看过纤夫拉船的视频。

材料投放：视频、麻绳、轮胎。

活动过程
（一）图片导入，请幼儿观察纤夫拉船的动作。

1. 教师播放纤夫拉船的图片。
2. 请幼儿说一说图中纤夫拉船的动作，并模仿纤夫拉船的方法。

小结：纤夫在拉船的时候双手拉着绳子，绳子搭在肩上，还要弯着腰。

（二）户外实地操作。

1. 准备好操作材料，带领幼儿到指定场地。
2. 教师示范纤夫拉船。

指导要点：通过分工合作的方式体验纤夫拉船的工作，将"船"从起点拉到指定地点。

3. 拉的过程中，提醒"船"上的小朋友注意安全，同时注意拉船的速度和路线，安全地把"船"停靠下来。

指导要点：鼓励纤夫尝试不同的拉法。

活动延伸
两两一组进行拉船比赛，看哪一组在相同的距离中，能用最短时间将"船"停靠下来。

活动反思

幼儿在观看视频后，都对纤夫的工作非常好奇，从幼儿对纤夫工作的表述中可以看出他们观看得十分认真。于是，教师带着他们到户外真正体验一下拉船。先是跟幼儿讲解了拉船的方式方法和注意事项，然后请幼儿自行结伴、分组尝试拉船。由于操作工具有限，幼儿等待的时间较长，而且船很容易就拉动了，幼儿没有体验到拉船的"困难"。在操作材料的选择上教师没有做到多样性和难易水平的递进性，导致活动进行得有些枯燥。

（陆赛男）

三、区域活动　拉纤号

经验联结

幼儿通过欣赏视频，了解到以前有一群人叫"纤夫"，他们是一群拉船的人，知道了纤夫在拉船的时候嘴巴里还会喊着统一的口号，他们喊的口号叫"拉纤号"，由此生成表演区活动"拉纤号"。幼儿在表演区中已有歌唱、朗读和打击乐器的经验，通过本次活动，幼儿还可以积累更多关于运河文化的经验，同时学习有节奏地律动，更好地进行表演。

活动目标

1. 学习根据角色特点，运用不同的语气、表情、动作进行表演。
2. 初步学习布置游戏场景，与同伴合作表演拉纤号。

活动准备

经验准备：已欣赏过纤夫拉纤时的口号。

材料投放：纤夫拉船的图片、绳子、纤夫头饰、各种打击乐器。

活动内容

幼儿自主商量表演的流程，戴上纤夫头饰，模仿纤夫拉船的样子，一部分幼儿用乐器打出节奏，一部分幼儿喊出拉纤口号。

活动要求

提醒幼儿在表演中要明确自己的角色，途中不可以交换角色。在喊拉纤口号时声音要响亮，要表现出纤夫辛苦工作的样子。

指导要点

指导幼儿进行表演时，要模仿纤夫拉船时的样子，表现出纤夫辛苦但又很有干劲的模样。

活动延伸

有了表演区模仿纤夫的经验，户外活动时可以让幼儿用绳子开展拉物体的活动，在实践中感受纤夫的辛苦。

活动附件

拉纤号词

1.（嘿嘿嘿嘿！过大闸喽）过大闸喽，嘿哟嘿，兄弟们呀，嘿哟嘿，纤上肩喽，嘿哟嘿，弯下腰呀，嘿哟嘿。迈右腿喽，嘿哟嘿，左脚跟上，嘿哟嘿，没偷懒喽，嘿哟嘿，齐用力呀，嘿哟嘿。大哥一纤领步伐，小弟二纤眼别眨，三纤四纤跟上趟哟，大家一起使劲拉。

2.南下的船哟，嘿哟嘿，北上的马呀，嘿哟嘿，御马头下，嘿哟嘿，歇息脚呀，嘿哟嘿。都天庙上，嘿哟嘿，敬炷香呀，嘿哟嘿，牛行街里，嘿哟嘿，换新叉呀，嘿哟嘿。十里花街买枝花，状元桥上儿孙跨，浦楼塔上喝老酒哟，闯下滩头过大闸。

（詹勤勤）

四、劳动活动　小小纤夫

活动缘起
幼儿对纤夫拉船的样子很感兴趣，因此我们开展了这次"小小纤夫"的劳动活动，让幼儿模仿纤夫们拉船的动作，去拉一些较重的物品，在活动中探索"拉东西"的技巧。

活动准备
经验准备：幼儿会简单的拉动动作，有自我保护意识。

材料投放：一些较重的物品（如桶装水等），绳子。

活动内容
教室里需要一些桶装水，但是桶装水比较重，需要幼儿们用纤夫拉船的方法把桶装水运到教室里。

活动前谈话

师：教室里的桶装水用完了，需要再搬一些来，但是阿姨一个人搬不动，你们愿意帮助阿姨吗？请你们模仿纤夫拉船的动作将水运到我们的教室里，在运送的过程中你们也可以想想有没有什么更快更便捷的方法。在活动的过程中小朋友们一定要注意安全。

活动中的巡回指导

在劳动过程中可以和同伴互相合作，在活动中要注意安全。

活动后交流和讨论

幼儿在运完重物后感受到了劳动的辛苦，但是能通过自己的劳动为班级做一些事，幼儿也很有成就感。在拉重物的过程中幼儿掌握了很多拉动的技巧，知道了怎么拉重物比较方便和省力。

活动延伸

有了合力拉重物的经验后，可以拓展到户外游戏，让幼儿感受合作的乐趣。有孩子提出到教学楼后面的"小运河"进行拉纤活动。孩子们找来了麻绳和轮胎，做了一回"小小纤夫"，感受了纤夫劳动的辛苦。

活动附件

（詹勤勤）

⭐ 开船啦（大班）

一、劳动活动　清淤

活动缘起

水池旁由于电网的维修改造十分脏乱，水池里落叶堆积，下过雨后布满青苔、淤泥……呈现出一副萧条的模样，这可怎么办呀？幼儿自然而然地想到了要进行打扫、清淤。

活动准备

经验准备：幼儿会用基本的劳动工具，看过运河河道清淤工作视频。

材料投放：劳动工具（扫把、夹子、网兜等）。

活动内容

对水池进行清淤工作。

活动前谈话

师：小朋友们，我们的水池里到处都是淤泥、落叶、青苔……现在是十分脏乱的，根本就没有办法进行游戏。我们需要怎样，进行清淤工作，让水池变得干净呢？

活动中的巡回指导

在劳动过程中可以和同伴互相合作，注意安全，不怕脏不怕难。

活动后交流和讨论

清淤工作是一项大工程。大班的孩子团结协作，共同完成了这一项任务。双手、网兜、扫帚……齐齐上阵，滞留的纸船和飞落的树叶荡然无存，淤泥也被冲刷干净了。通过此次水池清淤活动，幼儿不仅体验了劳动的愉悦心情，也为后续的游戏打下基础。是他们的不畏苦、不怕难，团结合作，将我们的"小运河"变整洁了，值得赞扬。

活动延伸

有了合作清淤的经验后,教师可以将劳动工具留在水池旁边的小房子里,让幼儿有需要的时候自己取用。

活动附件

(韩佳文)

二、区域活动 材料大比拼

经验联结

水池清理完毕后,幼儿有了开船的想法,可是船从哪里来呢?那就自己动手做吧!什么样的材料适合用来做船呢?中班的幼儿已经知道有些物体会沉,有些物体会浮,还发现纸船时间长了会浸水，具有一定的沉浮经验，这为本次材料大比拼打下了基础。

活动目标

1. 寻找班级、家里适合做船的材料。

2. 探索哪些材料更适合做船。

活动准备

经验准备：幼儿知道有些物体会沉，有些物体会浮。

材料投放：大水盆、水、抹布、塑料杯、硬纸盒、泡沫板、铁盒子等。

活动内容

幼儿自由探索做船材料的特点，了解什么材料可以用来做船。

活动要求

1. 幼儿自由收集班级里、幼儿园里及家里适合做船的材料，收集到的材料要做好标记。

2. 幼儿自由探索哪些材料不溶于水，又具有一定的承载力，适合用来做船，比如：

金属类：铁盒子（圆形、长方形）、旺仔牛奶瓶……

塑料类：水果盒（圆形、长方形）、塑料小碗（娃娃家）、积木、塑料杯、瓶盖……

自然物类：贝壳、蟹壳、树叶（小蚂蚁的船）……

纸盒：牛奶盒、牙膏盒（不溶于水）……

指导要点

指导幼儿思考并总结做船材料要满足的条件：

1. 要能浮在水面上。

2. 要能装载东西。

活动延伸

幼儿们其实都知道泡沫船、塑料船（塑料瓶盖、塑料瓶等）是可以长久漂浮于水面上的，一些普通的A4纸船则会很快浸水而下沉，而牛皮纸、包装纸，因其表面光滑有覆膜也可以较长时间漂浮。那除了做船材料外，船能够浮起来的原因跟船的形状有没有关系呢？比如同样的一块铁，直接放下水会沉下去，做成一片铁皮却又可以浮起来，这是可以继续探索的。

活动附件

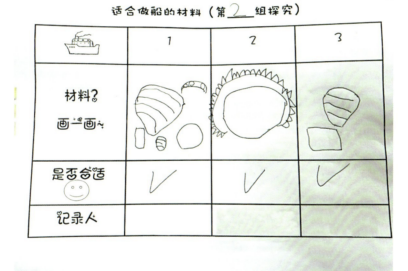

（韩佳文）

三、集体活动 造船啦

活动目标

1. 幼儿讲述自己对于船的设计想法，如外形、用途等。

2. 幼儿利用日常生活废旧物品造船。

活动准备

经验准备：幼儿和爸爸妈妈一起制作船的经验。

材料投放：幼儿收集到的造船的材料、造船的基本工具、彩纸、画笔等辅助材料。

活动过程

（一）幼儿讲述自己想设计的船的样子和用途。

拖船可以载东西；

警船可以帮助在水上遇到危险的人；

渡船可以把汽车、人带到江对岸去；

运砂船可以装黄沙、石子；

打捞船可以打捞沉在水中的船……

指导要点：请小朋友们结合自己的生活经验进行讲述。

（二）幼儿制作。

1. 提出要求，幼儿自由讲述。

（1）制作前，思考一下自己想要制作的船是怎样的，要怎么做。

（2）制作时，要考虑清楚船的基本特征，要能浮起来和载货物，突出重点。

（3）以造船为主要目的，做好之后，可以对船进行装饰或者添画。

2. 幼儿制作，教师巡回指导。

（三）分享交流作品。

1. 幼儿展示自己制作的船。

泡沫船：幼儿在泡沫上勾画出船的轮廓，用小刀将泡沫沿边割下，涂上颜色或包上彩纸，并加上一些帆或机房等装饰。

瓜果船：幼儿用刀将瓜果切开，掏空瓜瓤，用牙签固定，并加以装饰。

纸盒船：用纸盒拼装，用胶纸固定纸盒，用彩色纸装饰。

创意船：可让幼儿自发制作牙签船、吸管船等。

2. 互相交流评价，说说自己的造船过程。

指导要点：引导幼儿围绕两个关键点"要能浮在水面上""要能装载东西"进行分享。

活动延伸

进行"运河上的船"船展。

活动反思

这次活动让教师更多地了解到幼儿的内心世界，他们的想象力很丰富。由于收集的材料比较充足，幼儿们的作品各有特色，也很有意思。不过这次的造船活动在时间上还是比较紧张的，很多幼儿的作品是在区域活动中继续完成的。那么，幼儿们造的船到底能不能航行呢？我们将继续进行实践验证。

（韩佳文）

四、集体活动　开船啦

活动目标

1. 能够随着音乐的节奏，协同身体动作做游戏。
2. 熟悉歌曲旋律，为歌曲创编动作。
3. 体验划船运动中的竞争与合作，感受音乐活动的快乐。

活动准备

经验准备：幼儿已进行过纸船试航。

材料投放：水池、自制船。

活动过程

（一）开始部分。

讨论：如何过河呢？

（二）基本部分。

1. 幼儿欣赏歌曲《过河》。

师：歌曲里唱了什么？听了这首歌曲，你感觉怎么样？

2. 幼儿跟唱歌曲，进一步感受歌曲的氛围和节奏。

指导要点：引导幼儿感受歌曲的对唱特点及欢乐氛围。

（三）模仿练习划船。

1. 徒手练习。

（1）讨论：人们是怎么划船的？（鼓励幼儿做动作表现）

请幼儿观看划船的视频，鼓励幼儿模仿视频中划船的动作。

（2）教师带领幼儿边听歌曲，边练习划船的动作。

注意倾听歌曲旋律，在重拍时用力划出双手。

2.结伴练习。

（1）交流各自的体验：怎样才能让"船"划得又快又稳？

（2）在音乐中进行竞赛，鼓励幼儿尝试用不同的动作用力地划船。

指导要点：引导幼儿随乐律动，用不同的动作表现划船的力量感。

活动延伸

幼儿跟随音乐，在水池中尝试和同伴律动过河，也可以将自己造的船在"小运河"里试航。

活动反思

一句"嗨，有船吗？"，一句"哎，船来了！"将幼儿带入"过河"的情境。整个活动中幼儿运用听觉、视觉、运动感觉等感官亲身参与活动，在玩、说、唱、动的过程中感知音乐，体验用身体划船过河的快乐。由于歌曲有一定的对唱效果，所以幼儿在分角色表演时沉浸其中。后来幼儿还联想到歌词中"一条弯弯的河"正和我们的"小运河"（水池）很相似，所以提出来要带上自己做的船进行律动表演，教师选择尊重幼儿的想法。

（韩佳文）

单个活动方案

一、区域活动　波光粼粼的运河（中班）

经验联结

运河是我国古代伟大的工程之一，已使用至今。运河位于八圩幼儿园西面，是园所重要的社会文化资源。八圩幼儿园内有一条长廊，幼儿每天在长廊上都可以观赏到运河的景色。春天阳光正好，运河河面上波光粼粼，幼儿发现了这一现象，非常感兴趣。而点彩画从印象派的光与色彩原理发展而来，运用圆点绘画进行创作，非遗适合用来表现波光粼粼的运河。同时幼儿在前期已经进行过手指点画、棉签点画等活动，已有一定的点画经验。

活动目标

1. 能用点彩画的方式大胆表现运河波光粼粼的景色。
2. 欣赏点彩画作品时能产生对河面光影的联想，感受点彩画的美。

活动准备

经验准备：幼儿欣赏过运河波光粼粼的美景，参加过点画活动。

材料投放：运河照片、点彩画照片、颜料、调色盘、棉签、铅笔、美妆蛋、泡泡纸、记号笔、抹布。

活动内容

幼儿大胆选择色彩搭配合理的颜料，用美妆蛋或棉签等材料在纸上点画出波光粼粼的运河。点画好运河后幼儿大胆添画，画出运河岸边的景色。

活动要求

1. 先在纸上确定运河的位置，用圆点勾勒出形状。同时注意一种材料上只能有一种颜色，点画完一种颜色后将手指在抹布上擦干净再用另一种颜色。
2. 用圆点点画出运河的水面，还要画出波光粼粼的样子。
3. 画好水面后将运河边上的景物用圆点点画出来，如果觉得来不及也可以用记号笔来画。
4. 完成的作品可以展示到黑板上，供大家欣赏。

指导要点

指导幼儿根据自己的实际需要选择合适的材料进行创作，提醒幼儿一个材料一个颜色，注意色彩搭配和画面布局要合理。

活动延伸

幼儿可以到园内的运河美术长廊继续仔细观察波光粼粼的运河水面,试试用其他方法来表现波光粼粼的运河。

活动附件

（倪雨青）

二、集体活动　来自运河的一封信（大班）

活动目标

1. 知道运河是家乡具有代表性的景观和文化,了解家乡特产。
2. 能够通过操作、摆弄、比较等方式理解两组物体的多少,进行"9"以内的按数取物。
3. 通过寄信活动,体验亲自操作的乐趣,对生活中各种数字的含义有进一步探究的兴趣。

活动准备

经验准备：幼儿了解一些八圩的标志性建筑与特产,认识并知晓一些其他运河流经城市的基本特征,有手口一致点数、按数取物的经验。

材料投放：每组一份操作盘、数量充足的操作信封（封面上包含数量6-9的图案）、每组一份运河流经城市的照片与八坼风物照片、邮戳印章、信箱、PPT 课件。

活动过程

(一) 实物导入,激发兴趣。

1. 利用信封实物与照片引入活动,激起幼儿好奇心。

教师:小朋友,你们收过"信"吗?今天,有一位神秘的朋友给我们寄来了一封信,我们一起来看看信里面有什么?

2. 打开信件,引出活动目的。

教师带领幼儿观察信封封面,发现信封封面上有 9 只小船,打开信封,里面有 9 张运河流经城市的照片(不包含八坼风景)和一张信纸。教师带领幼儿共同观看、点数照片,发现封面上小船的数量与信封里照片数量的关系。教师为幼儿朗读信的内容,说明这是一封来自其他运河流经城市小朋友寄来的信,想让我们感受他们的城市,并且,他们也希望能够了解运河流经小镇——八坼的风光,希望小朋友能够寄一封信回赠给他们。

(二) 再识八坼,有序分类。

1. 向幼儿介绍操作材料,再识八坼。

教师:相信大家都很想为这位小朋友准备一封信寄回去,我们一起利用身边的材料,回信给这位朋友。

2. 教师引导幼儿明确回信内容——八坼景物的照片,之后为幼儿介绍操作盘中的材料,分别是八坼照片与其他运河流经城市的照片。这些照片在收集的时候不小心都混在了一起,需要幼儿共同将照片分类整理出来。

3. 幼儿仔细观察,有序整理照片。引导幼儿根据对自己家乡的了解,将八坼的照片与其他城市的照片进行分类,放置在盘子内相应的地方。教师在幼儿分类时进行巡回指导。

4. 教师引导幼儿共同再认识分类完成的照片,检验分类结果,加深对自己家乡景色、特产等的认识。

指导要点： 鼓励幼儿大胆讲述自己的分类依据。

（三）仔细点数，装好信封。

1. 介绍信封，明确操作材料。

引导幼儿自行观察信封上的图案及数量，并进行点数，明确信封当中应装几张图片，再次讨论，说明寄信的目的——让其他地方的小朋友了解我们的家乡，确定信封当中应当装哪些图片——印有八圩景物、特产的照片。

2. 幼儿实际操作，进行点数，选择数量适合的图片装进信封中。教师巡回指导，观察幼儿操作情况。

3. 相互检验，加盖邮戳。

请幼儿将已经装好的信封放置在盒子中，做一名"小小查验员"，检查信封中装的数量是否适宜。教师带领幼儿进行查验，让幼儿一只手指着封面上的图案，另一只手拿取照片，按照从左往右的顺序，每指一个图案就拿取一张照片，最后图案指完，照片也拿到最后一张的时候，说明拿取数量正确，请幼儿给查验正确的信盖上邮戳，在封面右上角进行标记；给查验出有错误的信封进行再次整理。

指导要点： 在保证活动仪式感的同时也不要忽略数学概念的渗透。

（四）教师总结，活动结束。

1. 教师总结，说明平时在生活中除了寄信外，还会在很多地方用到点数，强调点数需要从左往右、一一对应，引导幼儿感受数学的重要性。

2. 引导幼儿将盖好邮戳的信封一一放入邮箱内，说明通过寄信的方式能够让其他地方的小朋友了解我们的家乡，也鼓励幼儿进一步认识家乡，向其他地方的人介绍八圩。

活动延伸

1. 区域活动：将活动中所用的材料投放到数学区，并在今后活动中随着幼儿数学能力发展不断加深难度。

2. 家园合作：鼓励家长利用周末时间带领幼儿了解有关"寄信"的知识，体验寄信活动，感受与众不同的与他人沟通的方式。

活动反思

八圩的幼儿，生于运河边，长于运河边，感受着老街的古色古香，拥抱着美丽的公园，见证着"运河"边的一切事物的变化。运河既伴随着幼儿成长，亦是幼儿童年生活不可或缺的一部分。中班幼儿的思维仍表现出一定的直觉行动性，以具体形象思维为主，对于家乡已经有了粗浅的认识，也有一定的操作能力，故仍需通过直接感知、实际操作、亲身体验的方式促进幼儿的数学学习，本活动通过对运河周边事物的认识与加深，加强幼儿对于家乡的了解。活动中幼儿可以根据规则要求进行相应的取物并同时对家乡的特产产生了浓厚的兴趣。

（俞 敏）

三、集体活动 说唱运河（大班）

活动目标

1. 根据节奏和提示，记忆并创编"运河里，有什么……"歌词。
2. 愿意与同伴一起根据音乐的速度与节奏合作表演。
3. 乐意结合运河里的事物做创编，萌发爱家乡的情感。

活动准备

经验准备：幼儿有创编歌词的经验。

材料投放：《爱我你就亲亲我》音乐，不同速度的说唱节奏，PPT等。

活动过程

（一）开始部分：说唱歌曲导入，激发幼儿兴趣。

1. 播放包含说唱的音乐《爱我你就亲亲我》，幼儿欣赏。

提问：这首歌曲中"爱我你就陪陪我，爱我你就亲亲我……"与我们平时的演唱有什么不一样？（像念儿歌一样，有节奏的，说唱的形式）

2. 小结：今天我们就用说唱的形式来演唱儿歌。

（二）基本部分：跟随说唱节奏，进行说唱游戏。

1. 根据基础速度节奏，尝试创编歌词。

（1）初步欣赏，引导幼儿跟着图谱和节奏唱。

教师示范说唱：运河里，有什么，长长大大的货船，哟哟！有货船。

提问：歌里哪几个字是一样的？哟哟什么意思？

小结：AABB的词语形容货船，出现2次货船；哟哟可以帮助我们把歌唱得很嗨！

（2）尝试创编，引导幼儿大胆想象创编歌词。

根据情况出示小桥、渔民、螃蟹、小鱼等形象，提问：还可以怎么唱？

幼儿分小组进行创编，小组展示。

2. 根据不同速度节奏，进行说唱表演。

（1）提问：★　★★　★★★多少代表什么？（★　★★　★★★代表不同的速度。）

（2）幼儿自主练习，教师巡回指导。

（3）小组合作表演，师幼互评互享。

（三）结束部分：集体说唱结尾，引导后续创编。

1. 师幼根据节奏集体说唱。

2. 活动延伸：今天我们说唱的内容是"运河里有什么"，除了今天小朋友创编

出来的这些东西，运河里肯定还有别的东西，等着我们来唱一唱。还有更快的速度，小朋友们也可以继续尝试哦！

× × × | × × × | × × × × |

× × × | * * | × × × × |

活动延伸

在表演区内投放相应的乐器、乐曲伴奏等。幼儿可以在表演区内进行有节奏地表演，根据不同的速度进行比赛等。

活动反思

活动开始前，教师带幼儿在三楼长廊上进行了散步远眺，让他们仔细观察运河上的风景，提前进入活动氛围。由于提前的观察和适宜图片的提供创设了一个"运河情境"，激发了幼儿的已有经验和想象，幼儿的创编达到了预期的效果——"摇摇晃晃的水草""脏脏臭臭的垃圾""弯弯长长的大桥""滑滑溜溜的小鱼"……

对于幼儿创编出的各种各样的情况，教师都做出了积极的建设性的反应，而不是轻易地否定幼儿的意见。幼儿对自己创编的运河歌词已经有了把握，那么小组成员如何才能够既准确又速度地进行有节奏说唱呢？只是这一部分挑战时间不够了。可以将活动分为2课时，也许会更合理一些。

（韩佳文）

"我"和大运河的故事

在主题"运河上的桥"中,教师带着幼儿一起参观了新近竣工的八坼大桥,了解了它的历史以及旁边的纤道、纤夫的故事,还讲述了一些大家一起收集来的运河事物,如"乌篷船""撑拖床""拉短纤"等,孩子们听得津津有味,还想要继续听有关运河的故事。这样的故事,相信世代生活在运河边的八坼人或经历、或听说、或知道的一定不会少,于是教师请幼儿回家向长辈了解与运河相关的故事,并请爸爸妈妈帮忙记录在调查表上。

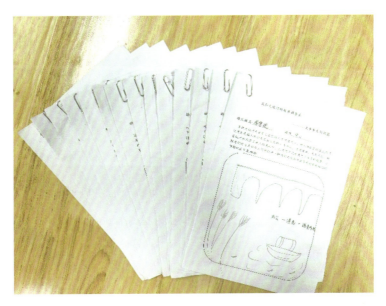

太爷爷太奶奶篇

关键词：交通、纤夫、运河水、运输、生计

星期一，幼儿一早就将自己的调查表带来班级。刚进教室就迫不及待、兴奋地讲述起自己调查来的故事，教室里到处都是幼儿相互介绍自己故事的声音。为了满足幼儿表现和分享的愿望，集体活动时，教师请幼儿一一分享了自己调查到的故事。

欣欣：在太爷爷那会，运河的左右两边分别为上塘和下塘，运河边有一条古纤道，很早以前有纤夫在那边拉船。纤夫的工作可是很辛苦的，他们用肩膀挑起了一家的生计。

小宇：听太爷爷、太奶奶说，大运河里面的水一年四季都没有断过，来往的船只不分黑夜、白天地在运河上航行，有的船还会发出"呜呜"的汽笛声，运输着各种南来北往的货物，就跟现在的高速公路差不多。

宸宸、太爷爷、太奶奶年轻的时候，每年都会开着船把生产队征收上来的粮食，通过运河运输到吴江的粮食局。太爷爷那个时候有一艘可以载重30吨的木船，每次都会出船运输沙、砖来赚钱维持生活。

凡凡：太爷爷、太奶奶小时候家里有田种菜，多的蔬菜就会撑个船，沿着运河一路卖到上海，卖得差不多了就回家，常常是天还没亮就出发，晚上才到家。

从太爷爷、太奶奶的故事中我们发现，运河就像现在的马路，船则是最主要的交通工具。人们去哪里都需要经过运河，船只既帮助人们去往想去的地方，也帮助人们进行货物运输，以维持生计。幼儿还由此深入了解了纤夫这一职业，当知道他们需要用自己的肩膀将大船拉上岸时，幼儿都感觉不可思议，除了感受到了纤夫工作的辛苦不易之外，也感受到了如今生活的幸福。

我家住在运河边

我和大运河的故事调查表
——太爷爷太奶奶篇

幼儿姓名：张皓宸　　班级：中(2)班

京杭大运河是世界上最长的人工河流之一，对八坊社区的居民而言，运河更是融入他们生活和文化的一条河流，日夜流淌，生生不息。随着运水的滚滚洪流顺流而下，在运河岸边也发生了许多的故事。小朋友们请与太爷爷太奶奶们聊一聊他们与运河的故事并请爸爸妈妈们帮助记录下来，谢谢！

太爷爷太奶奶那个时候每年都会储很多粮食，然后上来的粮食，通过运河运到这边粮仓，太爷爷那个时候也有一般可以载重30吨的木船，每次都会也运运沙，从来维持生活。

我和大运河的故事调查表
——太爷爷太奶奶篇

幼儿姓名：王睿儿　　班级：中(2)班

京杭大运河是世界上最长的人工河流之一，对八坊社区的居民而言，运河更是融入他们生活和文化的一条河流，日夜流淌，生生不息。随着运水的滚滚洪流顺流而下，在运河岸边也发生了许多的故事。小朋友们请与太爷爷太奶奶们聊一聊他们与运河的故事并请爸爸妈妈们帮助记录下来，谢谢！

小时候家里有田种菜，多的菜就搬个船，沿着运河一路卖到上海，卖得差不多了就回家，常常是天还没亮就出发，到晚上就能回来。

我和大运河的故事调查表
——太爷爷太奶奶篇

幼儿姓名：钱运依　　班级：中二班

京杭大运河是世界上最长的人工河流之一，对八坊社区的居民而言，运河更是融入他们生活和文化的一条河流，日夜流淌，生生不息。随着运水的滚滚洪流顺流而下，在运河岸边也发生了许多的故事。小朋友们请与太爷爷太奶奶们聊一聊他们与运河的故事并请爸爸妈妈们帮助记录下来，谢谢！

运行的左右两边分别为上塘和下塘。运河边有一条专门纤道，很早以前有纤夫在那边拉船。

我和大运河的故事调查表
——太爷爷太奶奶篇

幼儿姓名：冯浪宇　　班级：中(2)班

京杭大运河是世界上最长的人工河流之一，对八坊社区的居民而言，运河更是融入他们生活和文化的一条河流，日夜流淌，生生不息。随着运水的滚滚洪流顺流而下，在运河岸边也发生了许多的故事。小朋友们请与太爷爷太奶奶们聊一聊他们与运河的故事并请爸爸妈妈们帮助记录下来，谢谢！

听太爷爷奶奶说过，在光年间大运河里面的水一年四季没有断过，来往的船只不分黑天白夜的在河面上航行，有的还此起吗吗的气笛声，运输着各种南来北往的货物调度，我想，在这跟现在的高速公路差不多。
这条运河有着上千年的历史，也发生过很多离奇古怪的事！

爷爷奶奶篇

关键词：回忆、生活、历史、环境、交通、灌溉

听完太爷爷、太奶奶那会儿的故事，很多幼儿都发出了"哇哦"的声音，对于那时的生活产生了浓浓的兴趣。还有的孩子早已高高举起小手，迫不及待地想要分享爷爷、奶奶那会儿的故事了。

涵涵：爷爷说，这条大运河承载着每个八坼人最美好的回忆。爷爷是村里第一个走出去的师范生，那时候，太爷爷摇着小船带着爷爷，沿着大运河，摇呀摇，送爷爷出门求学；后来爷爷当兵，也是通过这条大运河，胸前戴大红花，摇啊摇啊，去部队，保家卫国……每一个重要的时刻，都有大运河的身影。

城城：爷爷说他小时候，女人们都在河边洗衣服，聊着家常，男人们在渔船上打着鱼，小孩儿们都在河里游泳、捉虾。

熙熙：奶奶说，以前八坼人把运河叫"苏州塘"，简称"塘河"；把运河上的桥叫"跨塘桥"，把运河东边叫"下塘"，运河西边叫"上塘"。

小宇：大运河在爷爷奶奶那个年代的可不是现在这样的，那时两岸杂草丛生，芦苇挡道。河面上垃圾成堆，一到夏天就臭气熏天，生活在岸边的居民苦不堪言，来往的货船也很少，现在人们对大运河进行了整修，清理了垃圾，建了公园，重新开通了这条水路，货船也陆续增多，来来往往喜迎各方宾客。

小毅：奶奶30多年前跟着生产队去挖河，每家派一个人，她和小姐妹一起参加。家里的农田也需要运河水灌溉。

宸宸：爷爷奶奶小时候经常在运河旁摸螺蛳、抓鱼，长大后家里会去城里卖猪，每当这时候，奶奶会跟着她的兄弟姐妹一起在岸上拉船，太爷爷、太奶奶在船上抱着桨，缓缓前进。

皓皓：那时候每到粮食丰收的季节，爷爷奶奶就会用船载着粮食行驶在京杭大运河上，把粮食拉到粮库去卖，就像现在的大货车一样，帮忙运送我们的粮食。

从爷爷奶奶与运河的故事里，大家发现运河是人们生活中很重要的一部分，它从很多方面为人们的生活带来帮助，例如日常洗衣做饭、抓鱼摸螺蛳、灌溉农田。而机动船的出现，让运河更好地发挥了它交通运输的功能，更加方便了人们的生活，让货物运输变得更加便利。大家还由此知道了八坼人方言中的"塘河"的典故，原来是因为以前的人们把运河叫"苏州塘"，简称"塘河"，把运河上的桥叫"跨塘桥"。于是被大运河一分为二的八坼小镇，运河东边部分被称为"下塘"，运河西边部分则被称为"上塘"。

爸爸妈妈篇

关键词：见证者、童年

太爷爷太奶奶、爷爷奶奶那辈和运河的故事听着真是有趣！那么爸爸妈妈们又与大运河发生了哪些故事呢？

涵涵：爸爸说，大运河见证了他的出生，奶奶抱着刚出生的爸爸坐在船里，爷爷摇着船儿，沿着这条运河，把爸爸从医院接回了家……爸爸说，大运河见证了他的每一次成长。第一次离家，望着大运河，第一次有了惆怅，每次回家，只要看到了运河，就感觉到家了。

玥玥：妈妈小时候，这条运河还没有那么宽，河里也没有这么多的船只，运河两边还都是农田，我们家的田野正好在运河边，每到农忙的时候，大人们到田里干活都会把孩子带去，大人干活，孩子就在运河边玩耍。有一次外公正在往船上挑稻子，妈妈就在船上等大人，正好一个浪头打过来把系船的绳子给打断了，船就漂到了运河中间，妈妈一个人在船上吓得直跳，一边跳一边喊："妈妈，船跑了，船跑了！"把外公外婆吓坏了，幸好外公会游泳，一下就跳到河里游上了船，这才把船给划了回来，后来妈妈再也不敢一个人坐船了……

欣欣：妈妈小时候每次去八坼镇上都会经过运河上面的跨塘桥，那时候妈妈觉得这条河特别宽，是世界上最大的河了。傍晚会有很多的人来桥上乘凉，或是站在桥上看船。

小峻：爸爸小时候跟大运河有着许多的故事，比如，游泳、钓鱼、打水漂……每一件事都让爸爸难忘。其中爸爸最难忘的事情是小时候和朋友在运河边打水漂。每年夏天爸爸都会跟小伙伴一起来到运河的河岸边，拿起几块瓦片，比赛打水漂，一漂、两漂……一片片瓦片向河对面漂去。等平静的河面被他们打破泛出一圈圈波纹时，运河仿佛在皱着眉说："别来打我。"如果爸爸比赛最后一名，他就会很生气地往河里扔砖块，河面又泛起无数水花。

宸宸：爸爸妈妈小时候，运河里的船都是柴油开动的，船开得比之前的老船快多了。有一次，爸爸跟着他的朋友们一起在运河旁游泳。有个小朋友潜水，好久没上来，把他们吓了一大跳，叫来了大人才把他救上来。所以，他们从小就只敢在河岸边玩，不敢去河中心，因为水太深，一不小心就会溺水。

皓皓：妈妈小时候跟着她的奶奶去浙江烧香，那时候坐的不是汽车而是大船，大船稳稳地行驶在大运河上，妈妈那时候满心想着这河真长啊，都看不到边际。

在爸爸妈妈的故事中，大运河是他们无数童年回忆的见证者，大运河见证了爸爸妈妈的出生、成长，见证了爸爸妈妈儿时在运河边快乐的记忆。同时，爸爸妈妈也是运河的见证者，见证了每天船只的来回运输，见证了它的发展和变迁。在听了爸爸妈妈讲述自己与运河的故事后，孩子们与父母之间的感情更近了一步。幼儿会将自己与运河的故事同父母分享，还会与父母一起去运河边重现他们父母当年的故事。

幼儿篇

关键词：发现、探索、融合、感激

长辈们与运河间的故事是平凡的，却也是厚重的。幼儿与运河之间的接触虽不如长辈们多，但生在运河边、长在运河边，幼儿对运河的亲近感和归属感却也不少，年幼的他们也会用自己特有的方式来表达对运河的感情。

1. 看看运河景。

每天中午饭后散步，幼儿们都喜欢去二楼的观景长廊上从窗口往外看一看运河，一看到有货船经过就会发出惊叹声，还要大声地将自己看到的与身边的小朋友分享，整个长廊上都充满了幼儿的笑声和讨论声。

教师的疑问：你们天天去看运河不会腻吗？而且每次有船路过大家都非常兴奋，是什么原因让你们如此喜欢看运河？

姗姗：运河上的风景非常漂亮，经过的船都好大，我喜欢看大船。

悦儿：运河的水很清澈，非常漂亮。

宸宸：我最喜欢看湖面上的波纹，晃晃荡荡。

小溪：水面上一直会有一个个泡泡，我想知道泡泡下面到底有什么。

一一：运河上的船很大，还会漏水，好玩极了。

小俊：那些船很大，还装了很多的货物。

小米：平时爷爷奶奶也一直带我去看运河，我喜欢看运河。

小宇：船上住着人，我想知道他们是怎么生活的。

2.画画运河事。

长辈们与运河的故事让幼儿都特别感兴趣,他们接连讨论了好几天,还去美工区尝试画出与运河有关的故事。

3.搭搭运河船。

一次建构游戏时,皓皓走到小伟身边说:"我们搭乘什么交通工具呀?"小伟想了想说:"要不然我们搭个船吧,船可以去我姥姥家,比汽车跑得远呢!""好呀!"小伟想了想又说:"我们两个一起搭一艘像汽车一样的大船吧!这样过了河还能开车,又可以在路上跑,还能在水里游!""好啊好啊!"皓皓和小伟达成一致后,就开始拼搭起来。他们先搭建小船,很默契地用长条积木搭出了一个正方形镂空的框架,然后在正方形的框架里放了几块积木摞起来。摞起来之后小伟笑着跑了进去坐在框架里,假装船长的样子开了起来。

4. 说说运河情。

随着对运河了解的深入，幼儿们对运河的亲近感更深了，还萌发出了感激之情。这天中午在长廊上欣赏运河时，小米看着运河说："大运河，我爱你！"这一下引发了幼儿对运河的感情，纷纷开始了表达。

宸宸：谢谢大运河让船只浮起来。

梓梓：谢谢大运河养育了小鱼、小虾。

一一：大运河谢谢你让船只在河面上行驶，让小鱼、小虾在水里生活。

姗姗：大运河你辛苦了，你每天都运输着这么多的货物，一定很累吧。

妍妍：在货船上生活的爷爷奶奶你们辛苦了。

青青：大运河谢谢你让这么多的人、货物和船只从你的身上经过。

从幼儿稚嫩的表达中，我们可以发现，在逐步了解大运河的过程中，与大运河之间建立了紧密的联系。他们已经能感受到大运河给生活带来的便利,还会用看一看、搭一搭、画一画、说一说等各种幼儿特有的表征方式来表达自己对大运河的亲近和感激。

说在最后

整个亲子调查的过程中,幼儿从了解太爷爷太奶奶辈到了解爷爷奶奶辈,再到了解爸爸妈妈辈与运河的故事,从中对我们八圩的乡土、乡情、乡音、乡风等形成了新的认识,对于大运河以及自己的家乡八圩也更添了一份归属感。通过一个个故事,幼儿了解了祖辈生活的不易,再对比现在的幸福生活,也让幼儿更加热爱生活、懂得感恩。亲子调查还打开了一扇亲子间相互交流的门,增进了亲子间的情感。

八圩幼儿园就坐落在运河边,幼儿每天上下学、路过走廊都可以看到装着货物往返的船只。孩子们还一起见证了运河上的"八圩大桥"的拆除—重建—完工的全过程,这些深入幼儿生活的、与运河有关的片段让幼儿对大运河常葆兴趣,也产生了更多的探究欲。我们和大运河的故事才刚刚开始……

(何 萍)

我们的"运河小镇"

活动缘起

上学期,大家一起拼搭了小镇上的房子、车子、灯塔、树木,可是随着学期的结束,"运河小镇"活动被迫停止。本学期孩子们的热情不减,纷纷念叨着"我们什么时候再搭运河小镇啊?"

为了弥补上学期的遗憾,孩子们继续努力,同心协力,目标就是搭建我们的"运河小镇"。

设计建筑：装饰房子、车子、灯塔、树木

  孩子们两两一组对已经组装好的运河边的房子、车子、灯塔等进行设计，并按照自己的设计图进行相应的装饰和完善，提高动手操作能力和创造表现能力。绝大部分孩子的设计图和作品可以对应起来，那么我们的初步目标就已经达到了。中班下学期的孩子已经具有一定的设计创作能力，能够按照自己的想法去做事。他们的行为也符合《3—6岁儿童学习与发展指南》（以下简称《指南》）艺术领域中表现与创造的目标2——具有初步的艺术表现与创造能力中提到的4—5岁的幼儿能运用绘画、手工制作等表现自己观察到或想象的事物。比如杭杭和岚岚的"总经理车"、扬扬和晟晟的"闪电"房子、周周和小润的"火箭灯塔"……孩子们用到了贝壳、树枝、黏土、毛笔盖、花生壳、毛球等低结构材料，尝试了粘贴、剪贴、排列、组合等装饰操作，这些都是值得肯定的。

一次搭建：尝试搭建"运河小镇"

四个孩子在建构前并没有商量建构的目标以及分工，处于比较分散的状态。游戏结束后，和孩子们交流他们的搭建以及存在的问题，其中孩子们自己提出了3个问题：

1. 桥比河还要大；
2. 房子在河边会被淹掉，路要比河高（而现在的路和河是用一样高度的积木）；
3. 河是蓝色的，我们的运河还是木头的颜色。

针对这3个问题，我带着孩子们一起进行了复盘，对园部运河资源地图进行了再度解读，尝试构想孩子们想要搭建的"运河小镇"。

设计地图：参照"运河资源地图"设计图纸

第二天一大早，小辰和睿睿最早来到班级。"佳佳老师，我今天7点半就在学校门口等了，我们今天不是要画运河小镇的设计图嘛！"小辰问道。小辰模仿园部运河资源地图在白纸左侧涂上粗粗的蓝色（运河主干道），两条"支流"慢慢向右侧汇聚。"用这个画路吧，跟积木一样的颜色……"

不久，杭杭和扬扬也来了。"要不你们画桥吧，然后可以直接剪下来贴上去。"我建议道。杭杭："我想画八圩大桥，你来画小桥吧！"扬扬接受了这个建议"那我要数一数有几座小桥！"说着对着地图数了起来"我要画7座小桥，你要画2座大桥！那你的大桥要大一点，我的小桥要小一点点。"

分析：《指南》科学领域中数学认知的目标3——感知形状与空间关系中提出的4—5岁幼儿能感知物体的形体结构特征，画出或拼搭出该物体的造型。小辰能够按照运河资源地图在白纸上描摹出运河的大致走向，已经符合此目标。在完成设计图时，4位小朋友在老师的引导下进行了分工合作，大大提高了效率。杭杭和扬扬也经过相互协商进行了大桥和小桥的绘画分工，是值得肯定的。后来在集体分享时，孩子们完成了地图和剪贴建筑的组合。值得肯定的是，孩子们能够通过对比，将"运河资源地图"和"运河小镇设计图"上桥和学校的位置一一对应起来，这在某种程度上来说，也是空间运用能力的体现。还有一个细节，孩子们发现科林大桥在幼儿园下面的位置，于是将运河主干道又往下延伸了一段，将"科林大桥"贴在下面，（这就是一种及时调整、解决问题的能力。

二次搭建：根据设计图纸进行搭建

关于确定构建主体——河、路、桥（两大七小，八坼大桥为重点），孩子们将原本蓝色的地垫撤走，用蓝色泥工板来充当运河，用积木来建构道路和其他，开始一步步解决第一次建构的3个问题。

1. 八坼大桥。

（1）解决斜坡问题。

杭杭将小方块让出来搭建道路，他想出了用小三角形搭建桥的上下坡，尝试了一会儿，一不小心把刚刚搭好的小三角形弄塌掉了，于是他又换了大三角形开始尝试。一正一反的三角形卡住刚好形成了一个斜坡。顺利搭完了一面，用掉了10块积木，在另一面搭完8块积木后，杭杭自言自语道："呀，完蛋了，积木不够了！"，"用这个小的试试看吧！"说着他用小三角形试着垒高，过了好一会儿，虽然并没有达到一样的倾斜程度，杭杭说道："这样可以了吧？"

（2）解决弧形桥顶问题。

　　就在我以为已经搭得很好了的时候，杭杭说道："这两个（拱形）中间还有很多的线。"我问："是你看到的，是吗？"杭杭点点头说自己看到的八坼大桥就是有线的，并表示明天继续。第二天，大家一起找到了八坼大桥的图片，发现拱形上面有6根白色的连接。杭杭提出可以用透明的吸管，结果发现长度不够，随后又尝试用筷子。睿睿提出疑问："可是到弯的地方会滚下来的。"两人再次尝试，用毛根做了支架。随后，杭杭又提出，还有一条条竖下来的线，用短短的吸管不行，便用剪刀剪到适宜的长度，正好卡在了半圆中间，可惜就在卡第二根吸管的时候，前面卡好的第一根吸管毫不留情地跌落在地。一旁的睿睿说道："不行的，这样子是卡不住的，要用双面胶粘住。"两人这才尝试利用工具，将一根根吸管剪成适宜的长度粘在弧形桥顶上……

我家住在运河边

分析：花了两天的时间，两个男孩终于完成了八坼大桥的搭建。他们在完成上下坡建设中，前后一共换了3种积木，持之以恒，直到完成搭建；在解决弧形桥顶的问题时，力求尽善尽美。这符合《指南》社会领域中人际交往的目标3——具有自尊、自信、自主的表现中提出的4—5岁的幼儿敢于尝试有一定难度的活动和任务的目标，他们的不断尝试和探究的精神是十分可贵的。

2. 科林大桥。

"科林大桥很长，我可以搭到小封的座位那边吗？"杭杭提出自己的想法。"因为科林大桥很长，要比八坼大桥大。"他又紧接着补充道。杭杭快速地在地面摆上了一个个圆柱体，将6块长方体架在上方当作桥面，一个细细长长的桥面完成了。很快，12块长方体组成了2个桥面，就在杭杭搭建第3个桥面的时候，他自言自语："圆柱体不够了。"一旁的睿睿说道："要不就搭2个吧，够了。"杭杭没动，过了一会儿，将最后两块长方体拿下，再将多出来的两个圆柱体挪到了第3个桥面上。最后3个宽宽的桥面完成了，杭杭一脸笑容地跟睿睿说道："这样就好了，可以开大车。"

分析：杭杭根据生活经验，在场地不够的情况下，提出了要拓宽建构场地的想法，在与小封协商后成功搭建。杭杭是一个喜欢在建构区游戏的男孩，今天的活动中，他在自己的坚持下，完成了拥有3个宽宽路面的"科林大桥"。自己开动脑筋解决了圆柱体不够的难题，将原本的6块一条路面，调整为5块一条路面，并获得了最后搭建成功的成就感。

3. 道路铺设。

两个女孩拿着积木在运河中间转来转去，叹着气，"有点难啊！""我都搞不清楚了。""嘿，我们问问佳佳老师吧？"小辰说。第二天两个女孩继续着道路的搭建。首先是完成三条横着的路，两个人一人负责一条，很快就合作把三条连接运河的路搭好了，再次找到老师求助。"你们仔细看一看，这三条路是不是都已经连到运河，到头了吗？""下面两条没有到头，缺一点点。"扬扬率先答道，便拿走了几块积木。"好，那接下来我们再仔细一条一条看，竖着的应该怎么摆呢？"两人开始在地上摸索了起来。"应该再往左边一点""这里的空格应该大一点""这里一条圆圆的路，我们用两个半圆拼起来就好了"……在两人的不断调试中，"运河小镇"的道路终于有了模样。

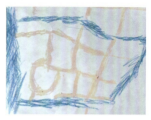   

分析：由于道路要比运河的形状更加复杂。所以，两个女孩在一段时间的忙碌之后并没有取得成果。最后在小辰的建议下选择了向老师求助，这也是一种解决问题的办法。《指南》中提出"用多种方法帮助幼儿在物体与几何形体之间建立联系"，这是空间思维能力的一种转换，也是孩子们在将图纸转化为搭建时容易发生的问题。所以下一步教师要引导幼儿看懂图纸，一步一步来分解。今天在教师的引导下，两人采用了先搭横着的路，再搭竖着的路的方法。孩子们在操作过程中会存在观察不细致的现象（比如路有没有到头），但在两人的多番调整下，最终还是成功地再现了道路。扬扬提出可以用两个半圆拼成一个圆来表示地图上的围合道路，虽然比例上有一点问题，但教师还是选择尊重幼儿的想法，没有阻止。

至此，道路基本搭建完成，接下来就是小镇上的建筑了。那么小镇上的建筑该怎么排列呢？又有多少房子车子、树木和灯塔呢？是直接放上去，还是要考虑一定的设计呢？这些问题还需要小朋友进行思考。

4. 细节补充。

除了先前装饰好的房子、车子、树木和灯塔，还剩 7 座小桥需要完成，在区域游戏评价时，其他孩子也都纷纷想要加入小镇的搭建，于是各种各样的房子（用磁力片、桌面积木、纸板做的房子）、纸船、垃圾桶、一盆盆的"鲜花盆栽"（用纸杯、丝瓜筋、塑料花组成的）等都被幼儿加入了"运河小镇"中……

　　区域游戏，两个女孩做好分工，小辰负责点数各种建筑，扬扬负责记录，最后统计出学校、车子各有1，树木、灯塔各有3，房子则有14。于是，两人开始商量如何摆放。

　　小辰："我觉得应该把灯塔放在运河边上，这样夜晚河水就会发光，很漂亮的。而且有了光，晚上开船的人就能够看清，不会被撞到。"

　　扬扬点点头："那我要把我做的两座房子放在一起，让他们当邻居。"

　　扬扬："我们还要把小朋友们做的小桥放上去。"

　　小辰："还是等最后再放吧，不然我们走来走去会不小心踩到的。"

　　两人边在小镇上摆放一样样建筑事物，一边在图纸上标注摆放好的位置……

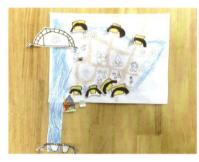  

分析：经过两人的一番努力，最终完成了一一对应的"运河小镇"现场施工与设计图纸。最后看到的虽然只是几张图片，但这背后孩子们经历了多次的调整，付出了很多的耐心与时间。在孩子们的合作下，运河小镇终于初具模型。

集体复盘：比例问题、空间不够、增加细节

到此为止，随着学期接近尾声，"运河小镇"的项目活动告一段落，但孩子们的热情依然不减。比如他们又提出"教室里的建构区太小了""我们还想用积木搭一艘会开的轮船""这个花比房子还要高，是不对的"……就在最后的一两天，他们还有许多不断冒出来的想法……让我们进入大班再继续探索吧！

经验获得

1. 从随意散点铺展，到有效规划建构。

从建构与主题脱节到建构与主题关联，从不切实际建构到根据生活经验逐步构建，孩子们获得了原有水平的提高。他们参照园部资源地图、联结自身生活经验、实地参观老街古桥、妥善添置小镇之景……将自己生活的点点滴滴通过双手变换成建构活动中的细微事物，有效地利用了周边的运河资源，建构了富有烟火气、悠悠运河情的美好小镇。

2. 从单一技能建构，到多元能力拓展。

一开始，孩子们建构的时候只用到了清一色的实木积木，所用到的建构技能也比较单一，很难展现运河小镇的面貌。随着活动慢慢地推进，孩子们增加了丰富多样的低结构、生活化材料，随着不同材料的组合变化，多样的建构技能被激发出来，形成了许多创造性的建构。同时，合作建构过程中同伴之间的人际交往、讨论交流、表征表现、深度学习也愈发丰富，幼儿的能力得到了多方面的提升。

（韩佳文）

后 记

构建适合儿童发展的学前教育课程并努力落实，是实现幼儿园培养目标的重要途径，也是贯彻落实《3—6岁儿童学习与发展指南》的重要途径，更是实现学前教育高质量发展的重要途径。

"什么是幼儿园课程？""幼儿园课程在哪里？""如何追随儿童的兴趣设计课程？""如何将身边的资源开发成为促进幼儿发展、让幼儿获得有益经验的活动？"这些一直是幼儿园老师们面临的问题和挑战。吴江区各幼儿园根据自身实际情况，开启了园本提升、内涵发展、课程建设的实践探索征程。

十年课程实践，得到了广大幼儿园教师、家长、领导、专家等的关心和支持。十年来，吴江区绘制了幼儿园课程改革蓝图，组建了"学前教育发展共同体"，成立了省内外专家指导团队。在专家沉浸式、伴随式、持续性的指导下，各种问题逐渐有了答案，困惑渐次解开，幼儿园找到了从身边资源入手，追随幼儿兴趣，开展多样化活动，助力幼儿积累有益经验，促进幼儿全面发展的课程建构路径，并在国家级、省级、市级的教学成果奖评选中频频获奖。

本套丛书是吴江区各幼儿园课程探索的缩影，共十三册，分别由吴江区鲈乡幼儿园鲈乡园区、鲈乡幼儿园越秀园区、平望幼儿园、盛泽实验幼儿园、芦墟幼儿园、黎里幼儿园、梅堰幼儿园、铜罗幼儿园、青云幼儿园、桃源幼儿园、北库幼儿园、舜泽幼儿园、横扇幼儿园、八坼幼儿园这十四所幼儿园合作编写。本套丛书从策划到呈现，离不开负责各册编写的幼儿园教师的实践智慧和无私分享，离不开吴江区其他幼儿园教师的支持和帮助，更离不开虞永平、张春霞、张晗、张斌、苗雪红、胡娟、杨梦萍等团队专家长期以来的精心指导和鼓励。在丛书编写过程中，苏州大学出版社的领导、编辑给予了老师们极大的肯定，虞永平教授更是在百忙中抽出时间为本套丛书作序，张春霞老师在编写中全程悉心指导，在此一并表示衷心的感谢！

生逢盛世，奋斗正当时。我们处在大有可为的新时代，在党的二十大精神指引下，吴江幼教人必将扬帆再起航，继续深耕幼教这块沃土，为实现学前教育高质量发展而努力前行！

钱月琴

2023 年 5 月